ADMINISTRACIÓN MUNICIPAL EN PUERTO RICO
(PASADO, PRESENTE, FUTURO)

RIGOBERTO RODRÍGUEZ ROCHE, PHD

ADMINISTRACIÓN MUNICIPAL EN PUERTO RICO
(PASADO, PRESENTE, FUTURO)

EDICIÓN REVISADA

RIGOBERTO RODRÍGUEZ ROCHE, PHD

RIGOBERTO RODRÍGUEZ ROCHE, PHD

A la mujer que inculcó en mí, desde muy temprano, ese sentido de responsabilidad ciudadana, que nos mueve a soñar, trabajar y luchar por un mejor país.
A Doña Eva, mi madre.

TABLA DE CONTENIDO

RIGOBERTO RODRÍGUEZ ROCHE, PHD

AGRADECIMIENTOS

A Rafael Hernández Colón, por su tiempo. No solo por el tiempo dedicado para que este proyecto fuera uno más completo, sino por el tiempo dedicado a lograr una adecuada administración municipal para Puerto Rico.

A la Profesora Elsie Ruiz Santana, el Dr. Roberto González Valles y el Dr. Carlos Rodríguez Mateo

A la Fundación Biblioteca Rafael Hernández Colón y todo su personal

Al personal de la Biblioteca de la Oficina de Servicios Legislativos

Al personal de la Biblioteca Encarnación Valdés, de la Pontificia Universidad Católica

A los Funcionarios y Ex Funcionarios que ofrecieron la oportunidad de una conversación.

A mi familia: a mis hermanos y hermana, porque siempre están al alcance de una palabra.

A mis amigos, todos ellos, porque son la familia que escogí. A los que aportaron, pasiva o activamente, al logro de este proyecto.

Al tiempo y sus impecables lecciones.

...y a la memoria de mi mejor amigo. A Brandom. Estabas aquí cuando inicié este proyecto. Ya no te veo, pero aún estás.

INTRODUCCIÓN A LA PRESENTE EDICIÓN

Puerto Rico vive tiempos de constante cambio. Ante la situación política y económica que enfrenta el país, la información y los datos sufren cada día alguna que otra transformación. A esta realidad responde la presente edición de *Administración Municipal en Puerto Rico (Pasado, Presente, Futuro)*.

Durante el tiempo transcurrido desde la publicación de la primera edición del libro, muchos acontecimientos se han ido sucediendo en Puerto Rico. Acontecimientos relacionados, por supuesto, a la administración pública. Pero sobre todo, acontecimientos relacionados al campo de la administración pública a nivel municipal. Por ejemplo, cambios en legislaciones y estatutos, en recursos, en fuentes de financiamiento y, muy lamentablemente, en el poder mismo de los municipios.

Ante la vorágine de cambios transcurridos durante el pasado año, se hace necesario revisar el contenido de este trabajo, sobre todo con respecto a la situación presente de nuestros municipios. A su vez, estos mismos cambios provocan una revisión de las alternativas futuras, a la luz de la nueva realidad enfrentada. Por tanto, la presente edición hace una nueva radiografía sobre la administración municipal puertorriqueña. A los efectos de mantener una bitácora adecuada, esta radiografía estará actualizada al finalizar el año fiscal 2016-2017.

Pero no solo han sido revisadas las partes correspondientes al presente y el futuro. La parte correspondiente al pasado, también lo ha sido. No con el propósito de revisar el pasado mismo, sino para ampliar la información histórica disponible. Como bien ya ha sido expuesto, mientras mayor sea el conocimiento que se tiene sobre el pasado, mayores serán las oportunidades de desarrollar herramientas adecuadas para construir el futuro. En este sentido, se amplía el análisis histórico del desarrollo municipal puertorriqueño, con el fin de ubicar en tiempo y espacio nuestra realidad presente y las alternativas que tenemos al afrontar el porvenir.

Una vez hecho este análisis, se procedió a acopiar y analizar las nuevas legislaciones relacionadas a la administración municipal puertorriqueña y las acciones tomadas desde tres flancos de poder. El primer flanco, el gobierno central. Las acciones concertadas entre el poder ejecutivo y el poder legislativo, han tenido importantes repercusiones en los municipios. Sobre todo, han tenido grandes repercusiones en la más importante de las aspiraciones de la administración municipal: la autonomía. El segundo flanco, corresponde a la Junta de Supervisión Fiscal. Como bien es sabido, este ente ha sido catalogado por muchos como el nuevo centro del poder político real en Puerto Rico. Las exigencias de la Junta para lograr los objetivos de la Ley PROMESA, tienen una clara repercusión en la administración municipal puertorriqueña. El tercer flanco es, por supuesto, los Alcaldes. ¿Cómo han sido afrontados los nuevos retos, por parte de las administraciones municipales? ¿Cuáles son las condiciones reales de nuestros municipios, en términos fiscales, administrativos y políticos?

Con respecto al futuro, el libro mantiene las herramientas y estrategias que pueden ser utilizadas por las administraciones municipales puertorriqueñas. No solo para enfrentar los retos actuales, sino para lograr una mejor administración. Ese futuro, debe ser visualizado y planificado, dentro de determinados principios, tanto de cultura política como administrativa. El futuro de la administración pública, no solo en Puerto Rico sino a nivel mundial, está en los municipios. Cualquier acción por parte del gobierno central (o cualquier otra fuente de poder) que vaya en contra de la autonomía municipal, equivale a regresar a los peores tiempos de la historia de la administración. Las acciones futuras (incluyendo el futuro inmediato), deben ir dirigidas al desarrollo cabal de nuestros municipios, como las entidades que habrán de sostener el peso del país, de su crecimiento, su desarrollo democrático y fiscal. Esto es lo que plantea la parte sobre el futuro. La pregunta es: ¿es esa la ruta por la que nos dirigimos?

Por último, esta edición incluye los comentarios de tres excelentes conocedores del asunto municipal, quienes tuvieron a bien la presentación de *Administración Municipal en Puerto Rico (Pasado, Presente, Futuro)*. Ellos son el Dr. Carlos Rodríguez Mateo, la Profesora Elsie Ruiz Santana y el Gobernador Rafael Hernández Colón. Hallará el lector en los comentarios de tan prestigiados como prestigiosos interlocutores, un importante activo adicional.

Una vez más, es el deseo de quien suscribe, que este trabajo responda a los retos de los tiempos. Que sirva como herramienta de orientación, las veces de brújula y las veces, por qué no, de vehículo para alcanzar nuevos destinos en la administración municipal puertorriqueña.

COMENTARIOS AL LIBRO

La primera edición de *Administración Municipal en Puerto Rico (Pasado, Presente, Futuro)* fue presentada en septiembre de 2016, en la sede de la Fundación Biblioteca Rafael Hernández Colón, en Ponce. En aquella ocasión, con la moderación del Dr. Roberto González Valles, la Profesora Elsie Ruiz Santana, el Doctor Carlos Rodríguez Mateo y el Gobernador Rafael Hernández Colón, ofrecieron sus comentarios sobre el contenido del libro.

ELSIE RUIZ SANTANA

La Profesora Elsie Ruiz Santana es una conocedora de la administración pública puertorriqueña. Posee un Bachillerato en Administración de Empresas con Concentración en Contabilidad Pública, así como una concentración menor en Educación Vocacional. Posee, además, una Maestría en Ciencias Sociales con especialidad en Administración Pública y un grado de Juris Doctor de la Pontificia Universidad Católica de Puerto Rico.

Fue Editora Gestora de la Revista de Derecho Puertorriqueño. Ha publicado en revistas profesionales, tanto de Puerto Rico como en Colombia. Para 2017, año en que se presenta esta edición, se desempeña como Directora de la Escuela Graduada de Ciencias Sociales del Colegio de Estudios Graduados en Ciencias de la Conducta y Asuntos de la Comunidad de la Pontificia Universidad Católica de Puerto Rico. También se desempeña como Profesora Instructora de la Escuela Graduada de Administración Pública de esta Universidad. Su experiencia en el campo de la Administración Municipal es vasta. Al ofrecer sus comentarios, Ruiz Santana expresó lo siguiente:

El 30 de agosto de 1991, el entonces Gobernador Rafael Hernández Colón, hizo historia cuando aprobó cuatro legislaciones que constituiría la nueva política pública en relación a la administración municipal en Puerto Rico. La nueva Reforma Municipal, incluyó las leyes número 80, 81, 82 y 83 de 1991. La Ley Núm. 80 corresponde a la Ley del Centro de Recaudaciones de Ingresos Municipales, conocido como CRIM. La Ley Núm. 81 corresponde a la Ley de Municipios Autónomos del Estado Libre Asociado de Puerto Rico. La Ley Núm. 82 enmendó la Ley de Patentes Municipales. La Ley Núm. 83 corresponde a la Ley de Contribución Municipal Sobre la Propiedad. Todas estas medidas, con el fin de proveerles a los municipios una verdadera autonomía administrativa y fiscal.

Para Hernández Colón, la Ley de Municipios Autónomos proveerá para que el municipio sea una institución que juegue un rol fundamental en el desarrollo de los procesos democráticos de participación. Con el establecimiento de esta Reforma Municipal, se creó la Oficina del Comisionado de Asuntos Municipales. Además, se estableció un sistema uniforme de contabilidad. Esto, con el fin de acercar el proceso de toma de decisiones a la ciudadanía. Como destaca el autor Rigoberto Rodríguez Roche en su libro, un sistema de gobierno del pueblo, por el pueblo y para el pueblo.

Es necesario recalcar la estructura del libro Administración Municipal en Puerto Rico (Pasado, Presente, Futuro). En la primera parte, el autor nos relata el pasado con relación a la administración de los municipios. Como dijo Cicerón: no saber lo que ha sucedido antes de nosotros, es como ser incesantemente niños. Es aquí donde se reseña cómo se establecieron los primeros municipios en Puerto Rico y cómo era su administración. El autor comienza su relato hablando de la era precolombina, seguido por los municipios bajo el dominio español, culminando con el cambio de soberanía. Así, destaca el impacto de la Ley Fóraker y la Ley Jones en los municipios, así como la aprobación de las leyes municipales de 1902, 1906, 1919 y 1928.

De manera similar, la segunda parte del libro establece el presente, en relación con la administración municipal puertorriqueña. El autor, citando a Felipe González, dice: "Al gobernar aprendí a pasar, de la ética de los principios, a la ética de las responsabilidades". Esta segunda parte, comienza sintetizando la Constitución del ELA; en especial, la parte que faculta a la administración municipal. Luego presenta un recuento histórico de la Ley Municipal de 1960, la Ley de 1974 (en la que se creó la Administración de Servicios Municipales) y la Ley Orgánica de 1980. Es en esta parte, donde se establece el desarrollo de la Reforma Municipal de 1991, en especial, con la Ley de Municipios Autónomos de Puerto Rico.

El sistema de administración municipal creado por esta legislación, pretendía establecer el empoderamiento de las comunidades. En especial que los ciudadanos se insertaran en la toma de decisiones. Es con esta ley que se estableció la participación ciudadana. Como nos ilustra el autor, la cuestión fundamental se centró en proveer a los municipios aquellas herramientas que permitieran un mejor proceso democrático, a través de la autonomía. Es através de esta segunda parte, que se presenta una mirada de la situación actual de los municipios. A 25 años de la Reforma Municipal, los municipios no cuentan con un sistema de datos confiables, ni estados financieros auditados al día. En fin, la información disponible es muy escasa. Esto se suma, a que no existe una ley de acceso a la información pública, ni un sistema actualizado de transparencia gubernamental.

En relación a los ingresos, el autor señala la gran dependencia que tienen muchos municipios del gobierno central y federal, por lo que, sin fondos propios, la autonomía se convierte en una falacia. Por otro lado, en relación con los egresos, muchos municipios destinan entre el 60 y el 70 por ciento de sus presupuestos a la nómina, lo que dificulta cubrir el resto de necesidades básicas. Otro de los grandes problemas de nuestros municipios lo constituye el hecho de que muchos presentan déficits presupuestarios. Como bien destaca el autor, al 2014 más de la mitad de los municipios arrastraban déficits presupuestarios. La deuda que tienen los municipios con el Banco Gubernamental de Fomento, ascendía a más de dos mil millones de dólares, lo que equivale a que cada habitante de Puerto Rico, tiene el equivalente de ochenta y ocho mil quinientos treinta y cuatro dólares en deuda.

Por otro lado, uno de los grandes retos de los municipios lo constituye la elaboración de los presupuestos municipales, ya que los mismos se preparan en torno a proyecciones, tanto de ingresos como de gastos. Sin embargo, a 25 años de la Reforma Municipal, el autor nos recuerda que los municipios no han sabido aprovechar todas las herramientas que trajo consigo la Reforma. Por ejemplo, la Ley faculta a los municipios para la creación de corporaciones para el desarrollo municipal. También los faculta para una activa participación ciudadana. Sin embargo, poco ha sido el empoderamiento que han tenido las comunidades en este aspecto.

La tercera parte del libro, presenta el futuro. Para Víctor Hugo, el futuro tiene muchos nombres; para los débiles es lo inalcanzable, para los temerosos es lo desconocido y para los valientes es la oportunidad. Entonces nos preguntamos: ¿Cómo ven los Alcaldes la ley de Municipios Autónomos? ¿La ven inalcanzable, desconocida o como la gran oportunidad para desarrollar sus municipios? Es en esta parte, donde el autor apuesta a la planificación. Es aquí donde presenta sus propuestas, basadas en el principio básico de desarrollo organizacional: la planificación estratégica.

Entre sus propuestas se destacan las siguientes: desarrollar un plan estratégico con metas y objetivos a corto, mediano y largo plazo; establecimiento de presupuesto base cero; contar con el mejor recurso humano en los municipios, transformando los procesos de reclutamiento, selección, retención y capacitación del capital humano, entre otros; utilizar a su máxima capacidad la tecnología y el gobierno abierto; inclusión de la ciudadanía en las decisiones y responsabilidades del gobierno municipal, otorgando así una verdadera participación ciudadana; establecimiento de una estructura de organización política, donde exista una verdadera descentralización, regionalización y municipalización de servicios, elevando a rango constitucional la administración municipal.

Termina esta tercera parte con la siguiente cita: "Planificación estratégica, capacidad fiscal, diseño de presupuestos reales y ajustados, empoderamiento de las comunidades y un gobierno realmente abierto, son tan solo algunas de las estrategias fundamentalmente necesarias para redimensionar y reimpulsar una administración municipal adecuada y eficaz. Al igual que muchos otros, estoy convencido de que el futuro de la administración pública y el saneamiento de nuestras condiciones fiscales, se encuentran de la mano del futuro de nuestros municipios".

Las últimas dos partes del libro, se constituyen en una conversación y una reflexión final. En la primera, el autor nos presenta una entrevista con el Honorable Rafael Hernández Colón, creador de la Reforma Municipal de 1991. Como bien señala el autor, publicar este trabajo sin su insumo hubiese tenido como conclusión un producto incompleto. Por otro lado, la reflexión final del autor, resalta las herramientas de autonomía que tienen los municipios y que se han desaprovechado durante estos 25 años. Para el autor, "la administración municipal puertorriqueña tiene hoy las herramientas suficientes y necesarias como para adelantar sustancialmente la agenda hacia la máxima cumbre: la autonomía. La Reforma Municipal de 1991 abrió unos espacios extraordinarios con respecto a la manera en que los municipios pueden ser administrados, como entes político-administrativos capaces de auto-sostenerse y desarrollarse. Pero los problemas que enfrentan los municipios hoy, son los mismos problemas de décadas y siglos pasados".

Por otro lado, el autor nos recuerda que "en Puerto Rico hace falta un cambio de paradigma; una transformación, no de las cosas, sino de la forma en que se hacen las cosas. Hace falta una redimensión de nuestras perspectivas. Una evolución de nuestra cultura política. De no ser así, los problemas de los próximos cincuenta años, habrán de ser exactamente los mismos". Por lo tanto, para realizar el profundo análisis que hace el autor sobre la Reforma Municipal, se necesita conocer de antemano la legislación, pero más aún, haber vivido en carne propia lo que es la administración municipal.

El autor de este libro no ha sido un mero espectador. Mucho menos ha criticado desde afuera. Conoce las necesidades de nuestros municipios, porque las ha vivido en carne propia. Ha sido Legislador Municipal, servidor público desde el Municipio Autónomo de Ponce y Asesor Administrativo para la Legislatura Municipal, entre otras facetas que lo hacen conocedor de los problemas que enfrentan los municipios desde diversas perspectivas. Además, posee un Bachillerato en Asuntos Públicos y una Maestría en Política Pública, por lo que su preparación y experiencia le otorgan la autoridad necesaria para realizar esta valiosa aportación a la administración pública puertorriqueña. Por ello, este libro representa un legado para las futuras generaciones de Alcaldes en Puerto Rico. Representa también, una gran aportación a la administración pública puertorriqueña. Así que cada aspirante a dirigir los destinos de los municipios en Puerto Rico debe leer su obra.

DR. CARLOS RODRÍGUEZ MATEO

Carlos Rodríguez Mateo es médico de profesión y servidor público por vocación. En las elecciones del 6 de noviembre de 2016 fue electo Senador. Durante ocho años, fue Alcalde del Municipio de Salinas, Puerto Rico. Como tal, también fue miembro de la Fundación Americana para el Desarrollo y de la Federación Latinoamericana de Ciudades, Municipios y Asociaciones de Gobiernos Locales. Al presentar la primera edición de Administración Municipal en Puerto Rico (Pasado, Presente, Futuro), ofreció los siguientes comentarios:

Agradezco la invitación a compartir algunas experiencias vividas en la administración municipal cuando tuve el privilegio de servir como alcalde del Municipio de Salinas por espacio de ocho años. Y, desde esa óptica, tratar de vislumbrar hacia dónde se encamina la administración de los municipios en Puerto Rico. Debemos comenzar reconociendo que, dentro del ordenamiento administrativo gubernamental, los municipios son la institución más cercana al ciudadano.

Partiendo de esta realidad, es lógico pensar que, mientras mayor grado de autonomía gocen los municipios, más directos, efectivos y eficientes serán los servicios que recibirán los ciudadanos a los que vienen obligados a servir. No es mi propósito repasar, como magistralmente lo hace esta obra, los diferentes intentos e iniciativas que se han hecho a través de los años y en distintas administraciones de gobierno, por conceder mayor grado de autonomía a los gobiernos municipales. Es evidente cómo, en el transcurso del tiempo, se ha reconocido esta necesidad de mayor autonomía municipal, como garantía de mayores y mejores servicios para la gente.

El último esfuerzo de envergadura, fue la aprobación de la Ley de Municipios Autónomos de 1991. Un estatuto legal vigente, que dio pasos de avanzada en esta lucha. Pero reconocemos que, aunque el espíritu de esta ley fue correctamente planteado, lastimosamente no ha sido bien encaminado. Hoy, más que nunca, se hace imperativo acercar el gobierno a los ciudadanos y hacerlos parte de la gobernanza.

Actualmente vivimos esta realidad en la administración municipal. En primer lugar, tenemos un gobierno central que ha demostrado ser menos efectivo y menos eficiente que los municipios en la prestación de los servicios. Segundo, una ciudadanía cada vez más preparada académicamente, mejor informada y que demanda un gobierno más ágil, eficiente y cercano a su gente, además de mayor participación en la toma de las decisiones que les afectan. Tercero, tenemos a la mayoría de los municipios con problemas fiscales, con un número significativo de municipios operando con presupuestos deficitarios.

Por otro lado, vemos un aumento marcado en el traspaso de competencias de la administración central a los municipios, sin venir acompañados de los recursos económicos para su realización, empobreciendo cada vez más la maltrecha economía de nuestros municipios. Falta de legisladores que conozcan la realidad por la que atraviesan nuestros municipios al momento de legislar. Esto se traduce en la generación de legislación que muchas veces contradice el principio de autonomía municipal y, en otras, se impone nuevas cargas económicas a los municipios. Una política paternalista, de exención de pago de contribución, arbitrios y patentes municipales a las empresas, como atractivo para su establecimiento por parte del gobierno central, en perjuicio de la economía de los municipios. Y, por último, una creciente desconfianza por parte de la ciudadanía hacia la clase política, de la cual los alcaldes no están exentos.

¿Qué vislumbramos en el futuro de la administración municipal? Los sistemas democráticos (y Puerto Rico no es la excepción), avanzan en la participación ciudadana, transparencia y rendición de cuentas. Se hacen más estratégicos y complejos. Es imperativo, para el éxito de la gestión municipal, la adopción del modelo de gobernanza estratégica.

Los viejos modelos de gestión pública, centrados en la capacidad de un solo actor en el gobierno, han demostrado que no funcionan. Es necesaria una perspectiva más sistémica y más incluyente en la gestión pública. Cada vez se hace más necesario el establecimiento de la gerencia política dentro de la administración municipal. Donde se establezcan vínculos entre la esfera política y la esfera de gestión. Se deben diseñar ejes estratégicos de acción, que provengan de las demandas de la ciudadanía, de las propuestas electorales y la asignación de recursos presupuestarios.

La gerencia política corregiría las graves fallas de credibilidad que están presentando los gobiernos municipales, por entre otras cosas, no incorporar en su presupuesto recursos para atender propuestas formuladas por la ciudadanía durante la campaña electoral.

Seguir avanzando en el logro de una verdadera autonomía municipal, que venga acompañada del traspaso de competencias del nivel central al local, junto con los recursos económicos para su realización. Promover el establecimiento de convenios entre municipios, que permitan emprender conjuntamente cualquier estudio, trabajo, obra o mejora pública, la prestación de servicios públicos, o la adquisición de servicios, asesoramiento, materiales, propiedades y equipo, evitando con esto la duplicidad en gastos, y propiciando ahorros por economía de escala.

Ante un reclamo ciudadano de mayor participación en los asuntos gubernamentales, un incremento en las exigencias y demandas de la población servida y una disminución de los recursos disponibles, se hace más imperativa que nunca la lucha para lograr una autonomía municipal plena.

Felicito al autor por este excelente trabajo, que es acicate para que estemos aquí reunidos dialogando este importante tema y que estoy seguro propiciará mayores reflexiones y confío que estimule acciones progresivas en beneficio de la ciudadanía de la que todos formamos parte.

HON. RAFAEL HERNÁNDEZ COLÓN

Rafael Hernández Colón fue Gobernador de Puerto Rico durante doce años (1973 a 1976 y 1985 a 1992). Ingresó a Johns Hopkins University, en Baltimore, Maryland, graduándose con honores con el grado de Bachillerato en Artes en Ciencias Políticas. En esta institución recibió el Premio Julius Turner por la mejor tesis de Ciencias Políticas y fue elegido como miembro de la sociedad académica de honor Phi Beta Kappa, la más antigua y prestigiosa de los Estados Unidos.

Obtuvo el grado de Licenciado en Derecho, *Valedictorian, Magna Cum Laude*, en 1959 en la Escuela de Derecho en la Universidad de Puerto Rico, Recinto de Río Piedras. Recibió premios como mejor estudiante de Derecho por el Colegio de Abogados y por la West Publishing Company. Fue editor de la Revista Jurídica de la Escuela de Derecho de la Universidad de Puerto Rico. Profesor de Derecho Procesal Civil en la Pontificia Universidad Católica de Puerto Rico. En 1969 publicó la primera edición del libro de texto *Derecho Procesal Civil*, presentando su 5ta edición en el 2010.

Fue Secretario de Justicia, Senador y Presidente del Senado de Puerto Rico. Reconocido por la Revista *Times* como uno de los 150 líderes más destacados del mundo. En 1991, reformuló la administración municipal puertorriqueña, mediante un conjunto de Leyes conocido como la Reforma Municipal. La descentralización en el Gobierno de Puerto Rico fue parte integral de su política pública, culminando con la Ley de Municipios Autónomos de 1991, que hizo posible investir en la ciudadanía local parte del poder administrativo sobre sus asuntos.

Al comentar sobre *Administración Municipal en Puerto Rico (Pasado, Presente, Futuro)*, Rafael Hernández Colón expresó lo siguiente:

Rigoberto Rodríguez Roche ha realizado una importante aportación al conocimiento del pasado, presente y futuro de la administración municipal en Puerto Rico.

Los municipios son las escuelas que, con mayor amplitud, pueden servir al mejoramiento y perfección de nuestro sistema democrático de gobierno. Son, a la vez, un recurso importante para reducir el gasto público y al mismo tiempo aumentar la eficiencia en la gestión gubernamental.

La lectura del libro de Rodríguez Roche nos imparte del conocimiento de la evolución de esta institución en Puerto Rico, de sus vaivenes y de sus altas y bajas, lo cual nos permite vislumbrar el camino a seguir para lograr una verdadera y duradera reforma municipal.

A pesar de que la Reforma Municipal del '91 ha sido la más profunda en nuestra historia y de que ha dado lugar a muchísimos cambios positivos, todavía existe en el país una cultura de gobierno producto de cinco siglos de centralismo, que no se ha superado y que consiste en una fuerza retrógrada operante sobre nuestra democracia y limitante de un proyecto de buen gobierno para este país.

Se presenta este libro en un momento muy adecuado para considerar los cambios que son necesarios para rectificar lo torcido en materia de administración municipal durante los 25 años que han pasado después de la reforma del '91. En primer lugar, el momento es propicio porque atravesamos una crisis fiscal que requiere reestructurar el gobierno y sus finanzas; y está nombrada una junta con la autoridad para ello. En segundo lugar, porque estamos en el periodo en que se desarrollan las campañas políticas de cara a las elecciones generales de noviembre de este año. Y es que la reforma que se necesita y el cambio de valores que se requiere para ejecutarla, tiene que partir de un mandato de voto. Si un gobierno se constituye sin un compromiso electoral claro y preciso para llevar a cabo esa reforma, la misma no habrá de ocurrir, porque no se podrán superar los valores que entraña el centralismo como forma de gobierno. Para llevar a cabo esa reforma es necesario saber, antes de ser gobierno, qué se va a hacer, por quién, cuándo, dónde; y estar moral y electoralmente comprometido para llevarla a cabo.

Dicho esto, examinemos las principales áreas que requieren actuaciones gubernamentales para producir la reforma que le de plenitud a la autonomía municipal. Éstas son de orden constitucional y de orden operacional. Trataré primero los aspectos operacionales.

Con algunas notables excepciones, los funcionarios y empleados municipales, todavía no han desarrollado la visión de lo que pueden ser los municipios si se utilizan todos los poderes y mecanismos que brinda la Ley de Municipios Autónomos. Tampoco se ha logrado la profesionalización de estos servidores públicos (hay excepciones); la profesionalización a los niveles que requiere la gestión dinámica de estas entidades de gobierno. Hay tarea formativa por delante. Educación y capacitación en valores de democracia, gestión administrativa y espíritu de servicio a base de méritos.

El proceso de descentralización y municipalización de los servicios gubernamentales, mediante los convenios de delegación de competencias, no se ha dado en una medida significativa. Esto requiere un esfuerzo vigoroso y perseverante, de parte del primer ejecutivo y de parte de las entidades municipales para llevar a las agencias que por naturaleza son recalcitrantes a perder poder, a entrar en estos convenios con los municipios.

Por otra parte, la mayoría de los alcaldes (hay excepciones) ha sido refractaria a la participación ciudadana que se instituye en la Ley de Municipios Autónomos. Solamente le han dado uso en cuanto a las juntas de comunidad, porque éstas son legalmente necesarias para los planes de ordenamiento territorial. Pero no se ha dado la intervención de ciudadanos individualmente y mediante asociaciones, para llevar a cabo proyectos de mejoramiento comunitario y de fiscalización de la gestión municipal, como contempla la Ley del '91. Ese fenómeno, en términos generales, no se ha dado en Puerto Rico.

Se requiere un esfuerzo educativo que lleve a los alcaldes, principalmente, a valorar la aportación que puede llevar a cabo la participación ciudadana en la gestión municipal. La cultura *caciquista* que todavía prevalece en muchos municipios, corresponde al *yucayeque*, no al municipio contemporáneo. Apertura en los procesos decisionales y participación ciudadana en la toma de decisiones, potenciarán la gestión municipal.

La Reforma del '91 se basaba en postulados que fomentaban el crecimiento y la estabilidad de las finanzas municipales. Las proyecciones fiscales de la Reforma han sido debilitadas constantemente por cambios en la legislación y la política pública durante los últimos veinticinco años. Estos cambios afectaron las garantías de crecimiento de las fuentes de ingresos municipales. En consecuencia, afectaron negativamente los recursos económicos esenciales para financiar la gestión y provisión de servicios por los municipios.

No podemos pasar por alto las múltiples desviaciones de fondos pertenecientes a los municipios para mitigar las serias deficiencias de las arcas del Estado, o para financiar costosos programas del gobierno central, como la tarjeta de salud. Este problema requiere acción a nivel constitucional. Aunque la eficiencia en el cobro de la contribución sobre la propiedad ha aumentado con el CRIM (si lo comparamos con lo que hacía Hacienda), mi impresión es que la gestión más efectiva de este impuesto, la gestión completa desde la tasación de la propiedad hasta el monto y el cobro del impuesto, si esto estuviera en las manos de los municipios, aumentaría la eficiencia y, a través de ellos, los recaudos.

Para llevar esto a cabo, tomando en consideración las capacidades de los municipios más pequeños, será necesario crear consorcios regionales dirigidos por los propios alcaldes. Estos consorcios podrían también atender otras funciones de los municipios, tales como: el manejo de la basura, desperdicios y vertederos, y el otorgamiento de permisos.

Las enmiendas, mayormente negativas por ser centralistas, y las actitudes que hay en la Legislatura y en la rama ejecutiva, hacen necesaria una enmienda a la Constitución del Estado Libre Asociado, para anclar la autonomía municipal sobre bases sólidas que fomenten el desarrollo de los gobiernos locales de excelencia que Puerto Rico necesita y merece.

No se puede planificar ni ejecutar planes estratégicos, como bien recomienda Rigoberto, si los municipios están continuamente a expensas de las sorpresivas intervenciones del gobierno central, que los privan de sus instrumentos de gobierno propio. Ya es hora de que en buena democracia los municipios dejen de ser criaturas del Estado y se conviertan en criaturas de su gente. Esta enmienda tiene que explicitar los poderes que corresponderán a los municipios, siguiendo el principio de subsidiariedad, que establece que el poder del gobierno debe residir en la entidad más próxima al ciudadano, que tenga la capacidad de llevar a cabo la gestión gubernamental (o que se le pueda proveer esta capacidad).

La experiencia de los pasados veinticinco años hacen muy claro que los poderes que correspondan a los municipios, tienen que conferírseles expresamente en la Constitución. Así como las fuentes de recaudo necesarias para el ejercicio creador y fecundo de esos poderes, para proveer bienestar y bien común para nuestro pueblo.

Este es el camino a seguir para lograr una verdadera reforma municipal, que provea al país un gobierno local más efectivo y que, a su vez, descargue al gobierno central y lo haga más eficiente. El libro de Rigoberto Rodríguez

Roche nos ubica en el lugar apropiado para vislumbrar ese camino. Es por ello una contribución importante a nuestro país.

De izquierda a derecha, el autor junto al Dr. Carlos Rodríguez Mateo, el Gobernador Rafael Hernández Colón, el Dr. Roberto González Valles y la Profesora Elsie Ruiz Santana.

ADMINISTRACIÓN MUNICIPAL EN PUERTO RICO: PASADO, PRESENTE, FUTURO

UNA REFLEXIÓN INICIAL

En Puerto Rico, la administración municipal ha sufrido numerosos cambios a través de los siglos y enfrenta grandes retos de cara al futuro. Este compendio pretende ocupar un lugar en el estudio de ese pasado, el análisis sereno de las condiciones presentes y la proyección del futuro de nuestros municipios.

En la estructura gubernamental, los municipios representan la primera línea de acción y servicio a la ciudadanía. El principio de que la unidad más cercana a los gobernados es la que debe tratar sus problemas e inquietudes, es uno muy presente cuando de administración pública se trata. A lo largo de los siglos, en Puerto Rico esta unidad han sido precisamente los municipios[1].

Lo que sigue a continuación es, pues, el estudio de estas unidades administrativas y de servicio. Un estudio del pasado, del presente y del futuro, dividido en tres partes y una conversación. La primera parte de este trabajo, consta de un recuento histórico. Este recuento no se limita a la historia de la administración municipal desde la perspectiva legal o estrictamente administrativa. Los municipios tal como los conocemos hoy, no son solo áreas geográficas delimitadas y políticamente organizadas, sino desarrolladas con historicidad, aún antes de escritas las leyes. Nuestra historia trasciende la herencia de leyes y decretos, los cuales pasaron a formar parte de nuestro desarrollo a partir de la conquista española. Pero nuestros aborígenes se encontraban políticamente organizados mucho antes de que el imperio español impusiera su cultura. Ya antes de eso, nuestros pueblos aborígenes se encontraban organizados en áreas geográficas determinadas, políticamente definidas, siendo éstas precursoras de lo que son hoy nuestros pueblos. No incluir ese ordenamiento político, conlleva una falla imperdonable al momento de hablar de nuestra historia.

Lo que conocemos como ordenamiento o estado de derecho llegaría con el dominio español y la imposición de la cultura política europea. Por ello, la primera parte hace compendio de algunas de las leyes que rigieron la administración municipal en Puerto Rico, desde los tiempos de la conquista española, pasando luego por el ordenamiento surgido a raíz del Tratado de París en 1898, año en que Puerto Rico queda a merced del ordenamiento legal norteamericano. Las primeras bases de este ordenamiento fueron sentadas por estatutos tales como la Ley Foraker y la Ley Jones, de cuyos textos se desprende la importancia que la nueva metrópolis ofrece a la estructura municipal como entidad gubernamental. Posteriormente, durante la primera mitad del Siglo XX, fueron surgiendo leyes, cada una de la cual derogaba la anterior, de forma tal que la administración de nuestros municipios dependió constantemente de los vaivenes de las acciones legislativas.

La segunda parte analiza y contextualiza la situación actual de los municipios en Puerto Rico. Este análisis parte de la aprobación, en 1952, del texto constitucional. A partir de entonces fueron aprobadas una serie de acciones legislativas, la mayor parte de las cuales forman parte de este capítulo, con su respectivo análisis comparativo. No cabe duda, sin embargo, que la más influyente de las iniciativas de la segunda mitad del Siglo XX fue la aprobación de la Reforma Municipal de 1991, cuya serie de medidas constituyó el inicio de un abarcador y complejo proceso de reforma municipal, cuya finalidad es lograr el mayor nivel posible de autonomía de nuestros municipios. Cumplidos ya veinticinco años desde aquél proceso, la segunda parte de este libro hace radiografía de los municipios de Puerto Rico, mediante información estadística indispensable para entender la condición fiscal y administrativa en que se encuentran los mismos. Pero hace más. Analiza los alcances de la Ley de Municipios Autónomos y aquellas otras que, de manera subsiguiente, han abonado a la construcción del camino hacia la autonomía municipal. Este análisis hace posible identificar los logros, y también los desaciertos y áreas oscuras que requieren de rectificación, por el bien de la administración pública y de los municipios en sí mismos.

La tercera parte, intenta hacer proyecciones necesarias sobre el futuro de la administración municipal. Estas proyecciones no son, ni pretenden ser, una ventana para predecir el porvenir. Por lo contrario, la pretensión es lograr visualizar un futuro que pueda ser planificado adecuadamente, con las herramientas existentes y también aquellas que es menester desarrollar. Por supuesto, para quienes nos apasiona la administración pública (mucho más la administración pública a nivel municipal) estas herramientas deben ir dirigidas a alcanzar la aspiración de una estructura de gobierno lo más descentralizada posible, pero sobre todo, lo más democráticamente desarrollada.

Por último, comparto el resultado de una conversación sostenida en el contexto de este trabajo, con el Gobernador Rafael Hernández Colón. Hernández Colón es, sin dudas, el Gobernador que mayores aportaciones ha hecho al desarrollo de la autonomía municipal puertorriqueña, no solo en los años de sus mandatos, sino también en años posteriores. Su visión y opinión es, por tanto, fundamental a la hora de analizar el proceso mediante el cual los municipios se han desarrollado durante las últimas décadas. Sobre todo, durante los veinticinco años en que la administración municipal ha sido ejercida bajo la Reforma de la que fue arquitecto.

Entre tantas tareas pendientes, Puerto Rico requiere reestructurar sus bases democráticas y desarrollar técnicas y herramientas de administración que acerquen el aparato gubernamental mucho más a la ciudadanía, y viceversa. Es preciso y hasta urgente, que los ciudadanos entiendan que tienen un rol en la gobernanza; un rol que no se puede limitar a elegir los administradores, sino que pueden incluso ellos mismos ayudar a administrar.

Ojalá que estas páginas aporten en algo al entendimiento sobre qué es, cómo funciona y cómo podemos ayudar a mejorar y desarrollar la administración municipal en Puerto Rico.

PRIMERA PARTE: PASADO

No saber lo que ha sucedido antes de nosotros,
es como ser incesantemente niños.

Cicerón

En Puerto Rico existen demarcaciones territoriales desde mucho antes de la era colombina. Nuestros aborígenes conocían, como conocían todas las culturas desarrolladas, que la vida en sociedad requiere de estructuras sociales y políticas que le brinden estabilidad, coherencia y control al aparato social. Esta estructura quedó destruida ante el proceso de colonización española, iniciado a principios del Siglo XVI. Dicho proceso se extendió por siglos, estableciendo en la isla una nueva cultura, no solo en aspectos sociales sino principalmente en materia de administración.

Posteriormente, en 1898, a consecuencia de la Guerra Hispanoamericana y el Tratado de París, Puerto Rico enfrentó una nueva transformación con respecto a la administración municipal. Aunque la mayor parte de los rasgos de la cultura política y administrativa española permanecieron casi intactos, la nueva realidad se basaría en los estatutos que a partir del cambio de soberanía habrían de dominar el escenario político puertorriqueño.

El presente capítulo, por tanto, hace un recorrido histórico, una recopilación de la historia municipal puertorriqueña a la luz de tres etapas: la era precolombina, la dominación española y la posterior dominación norteamericana. Con respecto a la primera, ésta aborda la estructura política y demarcaciones existentes en Puerto Rico antes de la llegada de la cultura y sociedad europeas. Muchas de estas demarcaciones permanecen presentes, tantos siglos después, en nuestra realidad geopolítica, pues un considerable número de nuestros actuales municipios son remanentes de aquellas demarcaciones ancestrales. Esta etapa dura hasta principios del Siglo XVI, fechas en las que comienza la era de la dominación española.

El recuento histórico de la etapa de la dominación española se inicia con la llegada de Juan Ponce de León a principios del Siglo XVI. Desde esta fecha, hasta el año 1898, las demarcaciones que hoy conocemos como municipios se organizaron de acuerdo a la cultura española y sus correspondientes estados de derecho y organización política. Cabe mencionar la importancia de la Iglesia Católica en el proceso de fundación de los poblados, como se menciona más adelante. Por supuesto, se da cuentas también del ordenamiento legal desarrollado en la isla a través de los cuatro siglos en los que fuimos posesión de España, incluidas algunas leyes y decretos a través de los cuales las villas, municipios y provincias ejercían las funciones de carácter político y administrativo.

La tercera etapa comienza en 1898 y se extiende hasta mediados del Siglo XX. Este es el período en que Puerto Rico se acopla a su nueva realidad política, vinculada a una nueva cultura: la de los Estados Unidos de América. Se analiza, pues, el impacto que tiene esta nueva realidad en lo que a los municipios respecta. Una realidad que incluye la inclusión de éstos en el texto de las dos grandes leyes que dominaron la realidad puertorriqueña durante la primera mitad de aquel siglo: La Ley Foraker (1900) y la Ley Jones (1917).

Como podrá constatar el lector, este capítulo hace acopio de una serie de documentos históricos, sin los cuales no sería posible comprender la magnitud de los cambios en la forma de administrar nuestros municipios. Debo, sin embargo, advertir que solo se mencionan algunos de los estatutos y documentos que rigieron nuestra vida política y administrativa a nivel municipal. Mencionar y analizar todos los elementos es un ejercicio pendiente para un futuro trabajo. El presente, tan solo pretende colocar al lector en posición de comprender algunos de los eventos que dieron base a nuestra realidad política municipal.

La historia no es un simple recuento de sucesos; es mucho más. El análisis del presente y la proyección del futuro son ejercicios de futilidad si no vienen acompañados de un proceso de análisis y comprensión de aquellos elementos que le dieron forma. Precisamente, esa es la función que se pretende con el presente capítulo: sentar las bases para comprender la realidad de nuestros municipios, dentro de su contexto histórico.

Era precolombina

Los registros históricos detallan la forma en que el archipiélago, para entonces conocido como *Boriquén*[2], se dividía políticamente. Estos dominios territoriales se conocían como *cacicazgos* y le daban forma a la organización política y social de los habitantes.

Historiadores como García Goyco señalan que la cultura taína estableció una estructura más organizada que la establecida por sus antecesores, en referencia a los antiguos pobladores de nuestra región. Los *cacicazgos* taínos no son meras tribus, de acuerdo con el Arqueólogo, sino pequeños Estados, con organización política y territorial.

Las poblaciones taínas de Puerto Rico se encontraban asentadas en torno a una estructura política y social bien definida. El término con el que se conocía a las poblaciones era *Yucayeque*, cada uno de los cuales se encontraba dirigido por un líder, conocido como *Cacique*. El *Cacique* disfrutaba de privilegios de acuerdo a la posición que ostentaba. Entre estos, el derecho a residir en el bohío más grande y mejor decorado de la aldea (conocido como *Caney*), utilizar una serie de símbolos que dieran cuenta de sus rangos en la sociedad (tales como un *dúho* especial y los *guanines*, entre otros) y casarse con más de una mujer.

El dominio territorial de un *Cacique* se conocía como *Cacicazgo*. Existían casos en que un cacicazgo comprendía más de un *Yucayeque*, en cuyo caso los *Caciques* delegaban responsabilidades en subordinados, que pasaban a ser jefes de cada *Yucayeque*, pero sometidos a la autoridad del primero.

De acuerdo con Scarano[3], los *cacicazgos* no solo eran la entidad política de una población, sino que muy bien podía ser la asociación de varios *yucayeques* bajo la autoridad de un único *Cacique*. Estos *cacicazgos* eran independientes, lo que significa que la entidad política taína se basaba en principios de autonomía. Si bien es cierto que en algún momento de la historia existió una o más figuras que ejercían determinado poder a niveles regionales o del archipiélago, tales como Agüeybana y Caguax, estos eran más bien figuras de alta influencia y no representaban necesariamente un poder central.

Representación de los cacicazgos existentes, de acuerdo con Silvestrini y Luque. Más allá de la discusión sobre la cantidad y ubicación exacta, la verdadera importancia está en la organización social, económica y política de los taínos.

Existen varias teorías sobre la cantidad de *cacicazgos* existentes en Puerto Rico durante la era precolombina. Dicha cantidad dependerá de la visión del historiador o del cronista. A pesar de que algunos autores exponen que pudieran haber existido tantos *cacicazgos* como *yucayeques*, lo cierto es que no es posible precisar con exactitud, dadas las asociaciones ya mencionadas anteriormente, en las que un *Cacique* único nombraba administradores en determinadas poblaciones, los cuales ostentaban determinado poder y disfrutaban de determinados privilegios. Estos territorios no deben ser confundidos con *cacicazgos*. Es por esta razón que los historiadores y cronistas no han podido ponerse de acuerdo en cuanto a la cantidad de cacicazgos existentes en Puerto Rico al momento de la conquista española.

Por ejemplo, para Fernández de Oviedo[4], existían tan solo cinco, identificados de acuerdo al nombre del *Cacique*. Estos son: Guaybana, Urayoán, Aymamón, Guarionex y Mabodamaca. Salvador Brau concuerda con esta cantidad. Para Fernández Méndez pudieron haber existido al menos una veintena. Para Morales Carrión existían no más de diez. Para Scarano, lo más probable parece ser que el número de *cacicazgos* existentes en el archipiélago constara de entre doce y veinte. Sin embargo, para efectos del presente trabajo no es relevante la cantidad, sino la forma en que los mismos se encontraban definidos y administrados.

Como fuera mencionado al principio, muchos de nuestros municipios actuales reflejan, al menos, las demarcaciones territoriales (y la etimología del nombre) de lo que un día fue el dominio de un *Cacique*. Por ejemplo, los municipios de Orocovis (Orocovix), Loíza (Luisa), Caguas (Caguax), Mayagüez (Mayagoex), Arecibo (Arasibo o Arexiba), Jayuya (por el mismo nombre), Canóvanas (Canóbana), Humacao (por el mismo nombre) y Guayama (por el mismo nombre). Por supuesto, la exactitud de los nombres, las demarcaciones y la cantidad dependerá del autor al que se haga referencia.

En lo que sí concuerdan los antropólogos, arqueólogos e historiadores es en que nuestros aborígenes contaban ya con una organización política y administrativa claramente definida. Incluso poseían una estructura tributaria. Ésta estaba establecida a través de la estructura social y las labores correspondientes a cada miembro de la sociedad. Moscoso cita a Fray Bartolomé de las Casas, quien puntualiza lo siguiente:

> *"Cuanto se siembra, planta, pesca, caza o se ejecuta mediante otras artes, hácese por mandato del rey [cacique], quien, a su arbitrio, reparte dichas actividades a cada individuo. Recogidas las cosechas, se las congrega en graneros regios, de donde se reparten todo el año para uso del pueblo, a proporción de la familia de cada cual. El reyezuelo viene a ser, por tanto, como el monarca de las abejas, administrador y distribuidor".*

Mártir de Anglería[5] también utiliza la palabra reyezuelo para referirse al poder ejercido por los *caciques*, al expresar que *"cada reyezuelo tiene repartidos sus súbditos y dedicados unos a la caza, otros a la pesca y otros a la agricultura".*

Como se puede apreciar, el *Cacique* ejercía funciones administrativas complejas: ejercía el poder ejecutivo, comandaba en caso de trifulcas o guerras, distribuía los bienes producidos dentro de su *cacicazgo* e incluso actuaba como juez. Algunos cronistas lo confunden con una especie de rey, pues es el concepto que mejor los describe de acuerdo a la cultura de la cual provenían. Pero los *caciques* no eran reyes. Eran líderes. Lo primero implicaría una obediencia de súbditos a los pobladores. Sin embargo, como lo establecen Gómez y Ballesteros, los pobladores no eran súbditos sino ciudadanos libres que aceptaban el liderazgo del *Cacique* y que incluso estaban en la libertad de abandonar su poblado para fundar uno nuevo.

Por lo tanto, la organización política taína estaba fundamentada en el reconocimiento de un líder, a quien se le otorgaba la responsabilidad (más allá del privilegio) de mantener el orden común, dentro de una sociedad de libertad. En nuestra cultura política, aún llamamos *Cacique* a aquellos Alcaldes que reúnen las cualidades de liderazgo que sobresalían en nuestros antepasados, hace más de cinco siglos.

Tal que así era la estructura del poder político en *Boriquén*, en tiempos en que las leyes aún no se escribían, pero se vivían. Una estructura descentralizada, dividida en unidades completamente autónomas. Resulta más que interesante que tantos siglos después, intentamos (quizás sin saberlo) retornar a aquellas raíces de administración pública en las que la autonomía era la base de la administración de aquellas unidades hermanadas por una misma cultura. Una cultura que se vio trastocada a partir del 19 de noviembre de 1493, fecha en que Cristóbal Colón arribó a la isla, trayendo consigo una nueva era, una nueva historia.

Municipalidades y dominio español

La conquista de *Boriquén* por parte de los españoles comenzó el 12 de agosto de 1508, cuando Juan Ponce de León y 50 de sus hombres desembarcaron por el sur de la isla, en territorios del cacique Agüeybana[6]. No obstante, el conquistador estableció cuartel al norte de la isla. Este asentamiento, el cual quedaba a milla y media de lo que conocemos hoy como la bahía de San Juan, recibió por nombre Caparra. Al año siguiente, en 1509, Ponce de León regresó a La Española, isla en la que se centraba el gobierno de la Corona Española en el llamado nuevo mundo, con el propósito de llegar a determinados acuerdos con el Comendador Nicolás de Ovando, quien figuraba como representante de la Corona. Gracias a este acuerdo, Ponce de León regresa a Caparra en la primavera de ese mismo año 1509, desde donde inicia un proceso de conquista en el que principalmente predomina un elemento: el económico.

Sin embargo, el dominio de Ponce de León sería efímero. Ese año 1509, la Corona nombró a Diego Colón (hijo y heredero de Cristóbal Colón) como Gobernador y representante del imperio español en las indias. A su vez, Colón nombró a Juan Cerón como Alcalde Mayor de la isla de San Juan y a Miguel Díaz como Alguacil Mayor. Entre 1510 y 1512, la Corona española estableció en la isla de San Juan dos tipos de poder o autoridad: el poder fiscal y el poder municipal. El primero, estaba a cargo de cuatro funcionarios que respondían directamente al Rey. El segundo, un régimen municipal de acuerdo a la costumbre de Castilla, conocido como Consejo o Cabildo, compuesto por Regidores o Alcaldes.

El primero de estos Cabildos fue nombrado por el Rey Fernando en el año 1511 y estaba compuesto por ocho integrantes. Se conoció como Consejo de Caparra o Ciudad de Puerto Rico. Más tarde, en 1515, se establece el Consejo o Cabildo de la Villa de San Germán.

Habida cuenta de que ya para entonces se había diezmado la población taína en Puerto Rico, resulta propicio señalar que la nueva organización política de la isla no fue producto de un proceso dado con el pasar lógico del tiempo. Fue una organización que llegó de manera intempestiva, como consecuencia de la colonización de la tierra y la muerte, sumisión o esclavitud de los nativos. Este proceso permitió que tan temprano como en aquél año 1515, la isla ya se encontrara dividida en las dos grandes municipalidades mencionadas, administradas a partir de entonces según los estatutos de la época.

Las responsabilidades y deberes de los Consejos o Cabildos se limitaban a entender en asuntos cotidianos de la vida en sus respectivos territorios: construir y reparar calles, estar a cargo de la salud pública, regular precios (principalmente los precios de artículos básicos), aprobar la construcción de viviendas y edificios, enjuiciar por delitos menores, garantizar la seguridad, entre otros. En adición, los Cabildos tenían el privilegio de ofrecer las tierras como usufructo. Estas tierras eran distribuidas a los vecinos del cabildo, en nombre del Rey. Para cumplir con sus deberes y responsabilidades, los cabildos recolectaban un impuesto conocido como *propios*, unas rentas pagadas por los ciudadanos.

A pesar de que durante más de un siglo tan solo existieron oficialmente dos municipalidades en Puerto Rico, existían además poblaciones o villorrios que posteriormente se convertirían en importantes zonas urbanas. Pero no hay que confundir estos poblados con municipios, desde la perspectiva estrictamente administrativa. Si bien es cierto que muy temprano en el Siglo XVI ya existían demarcaciones con identidad propia, también es cierto que las mismas eran reconocidas como asentamientos, no como municipios desde el punto de vista político y de administración[7].

Para entonces, tanto los gobernadores coloniales como los obispos de la Iglesia se dieron a la tarea de fundar poblaciones. Los unos y los otros ofrecían fundamentos diferentes para el establecimiento de las mismas. Rosario-Rivera[8] cita a las Leyes de Indias en cuanto a las especificaciones civiles que había que seguir para la fundación de las poblaciones, entre las que se encontraban "la presencia de un terreno saludable, con abundantes tierras para sembrar, montes y arboledas para leña, materiales de casas y buenas aguas para beber". Por supuesto, la Iglesia tenía sus propias consideraciones, tal como lo demuestra una carta del Obispo Manuel de Mercado al Rey de España en 1573, citada por Antonio Cuesta Mendoza[9] en su *Historia Eclesiástica del Puerto Rico Colonial*":

> "He hallado que había grandísima necesidad de hacer otro pueblo más de los que había, casi en el riñón de la costa, así para el resguardo de ella y de toda la Isla, como por recoger a más de 30 vecinos que hallé derramados y muy lejos del poblado, sin iglesia, ni clérigos, ni oír misa en todo el año, ni recibir los sacramentos de la Iglesia".

Es decir, que existía más de una forma (y también más de una razón) para la fundación de las poblaciones que, posteriormente, se convertirían todas en Municipios. La primera, determinada por la política y la economía; la segunda, determinada por la Iglesia. No obstante, eran los cabildos (o consejos municipales) los que participaban en las decisiones de gobierno, como ya ha sido establecido. Su composición varió de acuerdo al tiempo, pero no así sus facultades. Principalmente, eran la autoridad judicial y administrativa. Una autoridad que se fue imponiendo con el tiempo, aún por encima de la autoridad del Gobernador.

Ejemplo de ello lo presentan Silvestrini y Luque[10] al relatar cómo, en 1589, el entonces Gobernador Meléndez de Valdés puso en efecto una ordenanza que afectaba los derechos de la Villa de San Germán. El Cabildo, opuesto a la misma, elevó su oposición a la Audiencia de Santo Domingo, para entonces autoridad de la Corona en las Américas. Ésta última favoreció al Cabildo por sobre el propio Gobernador. A partir de entonces, a veces con mayor grado que otras, los Municipios de Puerto Rico han ido ganando poderes que demuestran la conveniencia de alcanzar el mayor grado posible de autonomía, asunto que habrá de discutirse profundamente en la segunda y tercera parte de este trabajo.

No obstante, entre mediados y finales del Siglo XVIII, la centralización se convirtió en política pública, gracias a las reformas de Alejandro O'Reilly, un mariscal que llegó a América en el año 1765, con el propósito de reformar el gobierno y la sociedad de la isla. Para él, el territorio de Puerto Rico había sufrido el abandono por parte de la Corona, no tan solo en términos gubernamentales sino también en asuntos sociales. Una vez realizados los estudios correspondientes, determinó que era necesario, entre otras cosas, una reforma absoluta en la forma de gobierno. Esta reforma, afectaría de manera directa la administración municipal.

Mientras la autoridad de los cabildos era reconocida por los ciudadanos y las decisiones judiciales, las reformas de O'Reilly otorgaron determinado poder al gobierno central, especialmente en la figura del Teniente a Guerra.

Éste tendría la facultad de velar "porque se viviera según los principios cristianos", cuidar el orden y la seguridad pública, garantizar la educación por lo menos a uno de cada dos hijos de cada familia, entre otras funciones. Era el Gobernador quien delegaba tales funciones, ratificando así el principio de centralización.

El cabildo, entre tanto, era la única institución política en la cual había participación directa de la ciudadanía en los respectivos poblados. No obstante las intenciones de las reformas de O'Reilly, éstos defendieron su autonomía y los derechos de los ciudadanos representados en cada uno de ellos. No parece haber sido pocas las ocasiones en que se repitieron escenas como la de 1589 y tampoco parece haber sido pocas (si no ninguna) las que el Cabildo no haya sido reivindicado. Tanto así, que fueron precisamente los ayuntamientos los que elevaron las necesidades de los habitantes de Puerto Rico ante las Cortes Españolas, en voz de Ramón Power y Giralt, tal como se explica a continuación.

En el año 1807, el ejército francés invadió España, forzando la abdicación del rey Carlos IV. Sin embargo, el pueblo español no aceptó la autoridad francesa y se organizó en una serie de juntas que, posteriormente, crearon la Junta Suprema, Central y Gubernativa de los Reinos de España e Indias. Dos años después, las colonias fueron incorporadas al organismo, siendo que Puerto Rico tendría derecho a ser representado en el mismo. Los ayuntamientos existentes para entonces en la isla fueron fundamentales en la elección de ese representante. El mecanismo utilizado fue dividido en dos etapas. En la primera etapa, cada ayuntamiento seleccionaba un representante de entre tres candidatos. En la segunda etapa, los representantes de cada uno de los ayuntamientos eran considerados por una Junta presidida por el Gobernador, el Obispo de San Juan y un representante del ayuntamiento capitalino. Fue así como en aquél año, Ramón Power y Giralt fue el resultado de un proceso democrático nacido en los ayuntamientos[11]. Un proceso democrático que lo llevó a representarnos en las Cortes de Cádiz, reunidas en 1810[12].

Entre el cúmulo de responsabilidades del recién electo diputado, estaba la de trasladar a las Cortes las preocupaciones de los criollos puertorriqueños, preocupaciones que fueron el fruto del examen de los cabildos. Este examen reflejaba una alta inquietud por los asuntos socioeconómicos, principalmente a determinados impuestos, entre los que se encontraba el diezmo a la Iglesia Católica. De igual forma, otros asuntos de gran importancia tales como las vías de comunicación que permitieran el desarrollo económico de Puerto Rico. Pero sobre todo, los cabildos exigieron mayor participación en la administración pública, en el gobierno local y en el desarrollo comercial de la isla. Esto, sobre todo, porque el Consejo de Regencia (la institución que ejercía el poder hasta que fuera restaurada la monarquía) había otorgado facultades dictatoriales al gobernador de Puerto Rico, centralizando el poder una vez más.

Las aspiraciones de los puertorriqueños se verían recogidas, en esencia, en la Constitución de 1812.

La Constitución de 1812

El Título II, Capítulo I, de la Constitución Política de la Monarquía Española, promulgada por las Cortes Generales el 19 de marzo de 1812, establece la composición del imperio español, quedando definido que la nación española es la reunión de todos los españoles de ambos hemisferios. Incluida como parte de la España de la América Septentrional, la Constitución incluye a la isla de Puerto Rico como parte del territorio español.

Los artículos 309 al 323 de la Constitución tratan sobre el gobierno de las provincias y los pueblos. Estos artículos definieron la necesidad de establecer ayuntamientos para darle forma al gobierno interior de los pueblos. Para algunos estudiosos, la Constitución de Cádiz constitucionaliza los ayuntamientos como instituciones representativas del pueblo[13]. De acuerdo al texto, los ayuntamientos estarían compuestos de alcalde o alcaldes, regidores y el procurador síndico. Además, queda establecido que estarían presididos por un jefe político, donde lo hubiere. En su defecto, el ayuntamiento sería presidido por el Alcalde.

Portada de la Constitución Política de la Monarquía Española, promulgada en 1812.

La idea de que los ayuntamientos tuvieran Alcalde y también Jefe Político, va a la raíz del debate sobre si el gobierno debe ser centralizado o no[14]. Para entonces, existían dos tipos de competencias: las competencias políticas o de gobierno y las competencias económicas o de administración. Mientras que las primeras eran competencias del Alcalde electo por sufragio popular, las segundas eran de un Jefe Político, nombrado por la

Corona. Esta dualidad se da en torno a la realidad política existente en España, en la que predominan para entonces debates tales como la centralización o descentralización de los gobiernos, dentro de la discusión sobre la inseparabilidad del reino, la representatividad y la indivisibilidad de la nación.

Para quienes argumentaron en contra de la figura del Jefe Político, esta era una posición que atentaba contra los principios que le daban vida a la propia constitución, cuyo espíritu era dotar al proceso de toma de decisiones las garantías que permitieran mantener alejada la influencia del Rey o sus allegados. Por tanto, este principio que regiría a las Cortes, también debía ser extrapolado a los gobiernos municipales, en los que las decisiones administrativas, tanto como políticas, debían estar en manos de aquellos que habían sido electos y no por aquellos representantes de la Corona.

La decisión entonces fue mantener la posición de Jefe Político en los ayuntamientos; no obstante, la persona que ejerciera el cargo no tendría voto en las decisiones de los mismos. Con respecto a Puerto Rico, esta era una previsión innecesaria, pues en la mayor parte de los ayuntamientos no habría de existir un Jefe Político y, tal como lo expresaba el texto constitucional, todas las funciones recaían entonces en los Alcaldes, quienes serían electos por sufragio popular para un único término de un año, siendo que pudiera presentarse nuevamente para ocupar el puesto al cabo de dos años. Para ocupar el puesto de Alcalde se requería que la persona fuera ciudadano en el ejercicio de sus derechos, ser mayor de veinticinco años y haber sido vecino del pueblo por al menos cinco años.

El establecimiento de los ayuntamientos era obligatorio para aquellos lugares con una población que llegase a los mil habitantes. Entre los deberes y responsabilidades de los ayuntamientos se encontraban los siguientes: la administración e inversión de los caudales de propios y arbitrios; hacer la recaudación y repartimiento de las contribuciones; cuidar de las escuelas y otros establecimientos sufragados por fondos comunes; cuidar de los hospitales, hospicios, casas de expósitos y demás establecimientos de beneficencia; cuidar de la construcción y reparación de los caminos, calzadas, puentes y cárceles, de los montes y plantíos del común, y de todas las obras públicas de necesidad, utilidad y ornato. En adición, la Constitución obligaba a los ayuntamientos a promover la agricultura, la industria y el comercio, por entenderlo útil y beneficioso.

Los Ayuntamientos tenían la facultad de establecer ordenanzas municipales. Estas, tal como hoy, daban orden a la convivencia urbana dentro de los límites territoriales de cada pueblo. Mientras que hoy basta con que las ordenanzas deben ir a tono con la jurisprudencia y el ordenamiento legal para ser efectivas, para entonces era necesario contar con la aprobación de las Cortes Españolas. Este mecanismo de refrendar las ordenanzas municipales se daba por medio de la diputación provincial, que tenía el deber de presentarlas a su vez a las Cortes para su aprobación, acompañadas por el correspondiente informe.

No obstante la autonomía local ejercida por los ayuntamientos en cuanto a la utilización de los fondos municipales, éstos desempeñaban su labor bajo la inspección de la diputación provincial, a la cual los ayuntamientos rendían cuenta justificada cada año de los caudales públicos que hubiesen recaudado e invertido.

Otro dato de interés es que el voto no era directo, como hoy día, sino que se utilizaba el sistema de compromisarios, método mediante el cual se elige hoy día, por ejemplo, al Presidente de los Estados Unidos. Mediante este método, los ciudadanos electores se reunían durante el mes de diciembre de cada año. Esta reunión era organizada por el propio ayuntamiento. En la misma, se seleccionaba a los electores que, en una reunión posterior (también a llevarse a cabo en el transcurso del mes de diciembre) escogían las personas que desde el mes de enero siguiente y hasta el próximo diciembre ocuparían los puestos de Alcalde, Regidor y Procurador Síndico.

El Siglo XIX y la administración municipal

El Siglo XIX fue uno de constantes cambios para el imperio español. La Constitución de 1812 tuvo una efímera duración. Ya en la segunda década del siglo, había regresado el absolutismo y, con él, los decretos monárquicos[15]. Por ejemplo, el Real Decreto de 10 de noviembre de 1833 ordenaba un proyecto de ley sobre Organización de los Ayuntamientos. Junto a este, otro decreto (el Real Decreto de 23 de julio de 1835) ordenó la reestructuración de todos los ayuntamientos del Reino.

De acuerdo con Orduña, los decretos monárquicos regresaron a las tradiciones arcaicas, así como arcaicas acabarían siendo las formas de gobernar los ayuntamientos. En síntesis, éstos recogen los principios más importantes de la estructura municipal, organización, naturaleza de los oficios, elecciones, atribuciones y obligaciones del alcalde, de los tenientes de alcalde y del Ayuntamiento, sesiones y funcionarios, entre otros. Una vez más, los alcaldes eran las autoridades encargadas del gobierno inmediato de los pueblos, pero estos ejercían sus funciones bajo la dependencia de los gobernadores civiles. Entre sus competencias, se encontraban la de publicar y hacer cumplir las normas, convocar y presidir el Ayuntamiento, la protección de la seguridad y de la propiedad, el orden público, sanidad pública, policía urbanística, prevención de incendios, registro de nacimientos, bodas y fallecimientos, entre otras. Como en todos las estructuras centralizadas, era obligatorio remitir los presupuestos municipales para la aprobación del Gobernador, así como también las propuestas de obras, creación o suspensión de establecimientos públicos, venta, permuta de fincas del común, entre otros.

En 1837, fue establecida una nueva Constitución. Contrario a su predecesora de 1812, en esta solo se habla de los municipios en tres artículos, contenidos en el Título XI, "De diputaciones provinciales y de los ayuntamientos", correspondiendo a los artículos 69 al 71. Estos escuetos artículos, se limitaron a establecer que "para el gobierno interior de los pueblos habrá ayuntamientos, nombrados por los vecinos a quienes la ley concede este derecho". También establecen que la organización y funciones de las diputaciones provinciales y los ayuntamientos serían determinadas por ley. Un distinguido estudioso de la materia, sentenció: "No se podía decir menos, ni cabría dar menor importancia constitucional a la organización del régimen local[16]"

En 1840, luego de tres años de discusiones sobre el tipo de gobierno municipal que sería más efectivo para el Reino, entró en vigor la nueva Ley Municipal. Esta ley fue altamente conflictiva, pues los municipios no pasaban de ser territorios al servicio del Estado, dirigidos de facto por un jefe político que, incluso, tenía el poder para suspender a un Ayuntamiento, al alcalde o a cualquiera de sus tenientes, dando cuenta al gobierno y el rey. No solo eso, sino que incluso el sufragio electoral había sido restringido. Los municipios se alzaron contra el intervencionismo del Estado.

Cinco años más tarde, se redactó una nueva Constitución. En esta, se dividieron las atribuciones de los poderes, delegando en los Ayuntamientos las funciones administrativas, mientras que los Alcaldes ejercerían las funciones políticas. Estos, no eran electos, sino que eran nombrados por el Estado. La Ley Municipal de 1845, dispuso, entre otras cosas, el nombramiento del alcalde por parte del Rey en todas las capitales de provincia y en las cabezas de partido judicial mayores de 2,000 vecinos. En los demás pueblos, los Alcaldes eran nombrados por el jefe político, por delegación del Rey. Con estas medidas, una vez más se consagra el principio de centralización y la intervención del Gobierno, eliminándose la elección de alcaldes en todos los Municipios.

En 1855, una nueva Ley Municipal devolvió el espíritu democrático a los Ayuntamientos, permitiendo que sus alcaldes y concejales fueran electos. Sin embargo, un nuevo Decreto Real dejaría sin efecto el avance, casi de inmediato, regresando al estado de derecho establecido en 1845 y, con este, a la intervención desmedida y la centralización. Poco más tarde, se reformó lo que luego pasó a ser conocido como la Hacienda Municipal, presentándose un proyecto cuyo propósito fue normalizar los presupuestos y las diferencias que existían entre estos. Para ello, se estimó conveniente separar las cuestiones presupuestarias de la organización y atribuciones de los Ayuntamientos, iniciando una reforma local que reordenó los presupuestos municipales, facilitando el uso de los recursos a los Ayuntamientos, pero también mantuvo el control gubernativo por medio de la Ley de Contabilidad General, a la que debían ceñirse todos los Ayuntamientos en su actividad económica y contable. La ley se promulgó el 28 de abril de 1862[17].

Como puede apreciarse, el Siglo XIX fue convulso en España, tanto que en menos de una década fueron aprobadas varias constituciones, se dio vuelta una y otra vez a los estados de derecho y se aprobaron diferentes leyes para el régimen municipal. En 1869 entró en vigor una nueva constitución. Un año más tarde, un nuevo régimen municipal.

Ley Municipal de 1870

En 1870, las Cortes Constituyentes de España promulgaron un nuevo orden provincial y municipal. La Ley Municipal Reformada estableció en dos mil los habitantes necesarios para establecer un ayuntamiento. También ordenaba distinguir los habitantes entre residentes y transeúntes. A su vez, los residentes estaban subdivididos en vecinos y domiciliados. Para efectos de la Ley, un vecino es aquél ciudadano que reside en el término municipal y se encuentra inscrito en el padrón[18]. Un domiciliado es aquél que reside habitualmente en el término municipal, formando parte de una de las familias (no emancipados). El transeúnte es aquel que se encuentra accidental o incidentalmente en los términos municipales.

Para efectos administrativos, la Ley estableció dos poderes: el ayuntamiento y la junta municipal. El primero estaba compuesto por el Alcalde, Tenientes de Alcalde y Regidores, todos ellos electos por los residentes con derecho al voto. Al ayuntamiento le estaba encomendado el gobierno interior del término municipal. La Ley también disponía la existencia de Alcaldes de Barrio, los cuales serían nombrados por el Alcalde de la población. Por su parte, la junta estaba compuesta por los primeros y, en adición, una Asamblea de Vocales, cuyo número siempre tendría que ser el triple de los miembros del Ayuntamiento. En estos últimos recae la responsabilidad de revisar y censurar las cuentas municipales.

La Ley contenía disposiciones que obligaban a la renovación continua de los Ayuntamientos. Por ejemplo, el Artículo 42 disponía que los mismos fueran renovados cada dos años. Pero no todos a la vez, sino la mitad de los miembros en una elección y la otra mitad en la siguiente. Esto garantizaba una renovación continua. También contenía disposiciones tales como el Artículo 50, el cual disponía que, en caso de empate en una elección, la misma se llevase a cabo una vez más. Si en la segunda votación persistía el empate, entonces la posición "se echaba a suertes".

Al igual que en la actualidad, los Ayuntamientos de entonces nombraban comisiones permanentes y especiales para atender los asuntos de la población. También estaban claramente definidas las competencias y responsabilidades de cada uno de los funcionarios, tanto aquellos que servían por motivo de elección como los que servían por motivo de nombramiento.

En la isla, este nuevo orden recibió el rechazo absoluto del Gobierno, el cual tildó la reforma como una "no bastante meditada", "en pugna con los principios de Gobierno" aplicables al hábito y costumbre, pero sobre todo basado "en un exagerado espíritu descentralizador". El Gobierno General de la Isla se opuso tenazmente a promulgar la Ley de 1870, principalmente por el contenido de determinados artículos. Así las cosas, en el año 1878, fue promulgada una nueva Ley Municipal para Puerto Rico.

Ley Municipal de 1878

La nueva Ley Municipal de Puerto Rico fue promulgada el 24 de mayo de 1878, mediante Decreto del Rey Alfonso XII. Esta ley prevé la elección de concejales por parte de los vecinos de los ayuntamientos. Sin embargo, los Alcaldes y Tenientes de Alcaldes son designados por el Gobernador.

La designación configura a los Alcaldes y Tenientes de Alcaldes como funcionarios de la administración central. Es decir, que fue atendido y recogido en la Ley, el reclamo de que la anterior partía de un "exagerado espíritu descentralizador". La alternativa fue el otro extremo: un exagerado espíritu centralizador.

Esta nueva Ley eliminó la elección de los Alcaldes y demás concejales en ejercicio democrático de los residentes del Ayuntamiento. También redujo la cantidad de los miembros de las Juntas, hasta igualarlos a la cantidad de concejales no electos. Es decir; en la Ley de 1870 las juntas municipales aseguraban que la representación fuera mayor a la cantidad de concejales, como forma de garantizar el balance democrático. En esta nueva Ley, la cantidad de funcionarios electos no podía sobrepasar la cantidad de funcionarios designados.

El Capítulo I del Título III de la Ley dispone en cuanto a la forma de administración de los Ayuntamientos. Este Capítulo define los Ayuntamientos como "Corporaciones económico-administrativas".

Portada de la Ley Provincial y Municipal de 1878

Ley Municipal de 1897

El 1 de enero de 1897 entró en vigor la Ley Municipal aprobada por la Reina María Cristina (Regente) el año anterior. Esta Ley define al Municipio como la asociación legal de todas las personas que residen en un término municipal. A su vez, define un término municipal como el territorio a que se extiende la acción administrativa de un Ayuntamiento. Al igual que los estatutos precedentes, la Ley establece la cantidad mínima de personas que debe poseer un Municipio (2,000 personas) para poder ser considerado como tal a los efectos de los estatutos.

También, al igual que las anteriores, la Ley de 1897 dispone el empadronamiento, como método de conocer las circunstancias específicas de cada habitante.

El Artículo 211 (Capítulo I, Título VI) establece que, en adición a las funciones activas propias de la administración municipal, los Alcaldes son representantes y delegados del Gobierno, obrando bajo la dirección del Gobernador. Sin embargo, estos funcionarios ya no serán nombrados por el Gobernador, sino que volverán a ser electos por el pueblo en la forma en que ha sido dispuesto por Ley. También se ordena el acceso de las minorías a la administración de las corporaciones municipales.

Once meses despúes de promulgada la nueva Ley Municipal, el Reino de España decretaba el documento más importante de sus cuatro siglos de dominación.

La Carta Autonómica de 1897

El 25 de noviembre de 1897, la Reina Regente, María Cristina, firmó un decreto en nombre de su hijo, Alfonso XIII, que marcaría un momento histórico para Puerto Rico. El decreto fue publicado en la Gaceta Oficial los días 16, 17 y 18 de diciembre de 1897. A este decreto se le conoce como la Carta Autonómica. Para efectos históricos, este es uno de los documentos más importantes de nuestro proceso de crecimiento como país, dentro de nuestra realidad política. Para efectos municipales, también lo es.

El Título VIII del decreto aborda el régimen municipal y provincial. Se trata de once (11) artículos que establecen los principios básicos de la administración pública, a nivel regional y municipal. El primer artículo (Artículo 52 del decreto) establece la obligatoriedad de la organización municipal en todo grupo de población superior a mil habitantes, quedando también establecido que aquellas poblaciones que no alcanzaran esa cifra podían organizar los servicios de carácter común por convenios especiales. También quedó establecido que los Municipios estarían facultados para estatuir sobre la instrucción pública, las vías terrestres, fluviales o marítimas, la sanidad local, los presupuestos municipales, y para nombrar y separar libremente sus empleados. Es decir, que la Carta Autonómica no tan solo contenía elementos importantes relacionados a la autonomía de Puerto Rico, sino que también contenía poderosos elementos en cuanto a la autonomía municipal.

El Artículo 54, por ejemplo, expresamente establece que la Diputación Provincial es autónoma en todo lo referente a la creación y dotación de establecimientos de instrucción pública, servicios de beneficencia, vías provinciales terrestres, fluviales o marítimas, formación de sus presupuestos y nombramientos y separación de sus empleados. Por supuesto, la autonomía está sujeta a los recursos fiscales, por lo que el Artículo 55 faculta, tanto a los Municipios como a la Provincia, a establecer libremente los ingresos necesarios para cubrir sus presupuestos, sin otra limitación que la de hacerlos compatibles con el sistema tributario general de la Isla.

Un elemento llamativo de lo decretado en 1897, es la responsabilidad civil de los funcionarios municipales y provinciales. Mientras el Artículo 57 establece que los Alcaldes ejercerán sin limitación alguna las funciones activas de la administración municipal, el Artículo 58 establece que, tanto los Concejales como los Diputados provinciales serán responsables civilmente de los daños y perjuicios causados por sus actos. Esta responsabilidad, establece el Artículo, era exigible en los tribunales ordinarios.

De igual forma, es importante reseñar el contenido del Artículo 60, el cual establece que las elecciones de Concejales y Diputados provinciales se llevarían a cabo de forma tal que las minorías queden debidamente representadas.

LEY MUNICIPAL

APLICADA Á LA

ISLA DE PUERTO-RICO

TITULO PRIMERO

De los términos municipales y de sus habitantes

CAPITULO PRIMERO

De los términos municipales y sus alteraciones

Artículo 1º Es Municipio la asociación legal de todas las personas que residen en un término municipal.

Art. 2º Es término municipal el territorio á que se extiende la acción administrativa de un Ayuntamiento.

Son circunstancias precisas en todo término municipal:

1ª Que no baje de 2,000 el número de sus habitantes residentes.

2ª Que tenga ó se le pueda señalar un territorio proporcionado á su población.

3ª Que pueda sufragar los gastos municipales obligatorios con los recursos que las leyes autoricen.

Podrán subsistir los actuales términos municipales

Ley Municipal de 1897

Todos aquellos adelantos en las aspiraciones de autonomía, estuvieron vigentes por un escaso espacio de tiempo. La Carta Autonómica era el documento más avanzado, luego de varios siglos en los que Puerto Rico vivió a la sombra de las determinaciones de la metrópoli. En el documento se recogían las aspiraciones, sueños y ambiciones de lograr adelantos políticos, sociales y económicos, a todos los niveles en el país. Pero las circunstancias históricas tenían reservado otro camino.

Los municipios y el cambio de soberanía

El 21 de abril de 1898, a penas unos meses después de entrar en vigencia la Carta Autonómica, el Presidente de los Estados Unidos, William McKinley, solicitó del Congreso la declaración de guerra contra España, estallando así la guerra hispanoamericana, también conocida como guerra hispano-cubano-americana. Este evento afectó a Puerto Rico de manera inmediata. En primer lugar, porque se malograron las aspiraciones de autonomía contenidas en la Carta Autonómica. En segundo lugar, porque aquél evento desembocó en la invasión norteamericana, con el desembarco de las tropas del General Nelson A. Miles por la bahía de Guánica, el 25 de julio de 1898 (apenas ocho meses después del decreto de la Reina María Cristina). El destino, empeñado con marcar la historia, hacía que Miles desembarcara por las mismas costas por las que casi cuatrocientos años antes había desembarcado Ponce de León. Un nuevo imperio sustituía al viejo, usando la misma puerta.

El 28 de julio de 1898, 3 días después del desembarco, Miles proclamó que el gobierno norteamericano no tenía la intención de intervenir en las leyes y costumbres existentes en la isla. Entre estas leyes y costumbres se encontraba, por supuesto, el respeto a las instituciones democráticas, incluidos los gobiernos municipales. La política de no intervención significó, sin embargo, un vacío político entre el 18 de octubre de 1898[19], fecha en que se izó la bandera norteamericana en los edificios públicos y Puerto Rico quedó bajo el control del ejército norteamericano, hasta el 12 de abril de 1900, fecha en que queda establecido un gobierno civil mediante la aprobación de la Ley Foraker.

Durante los 18 meses intermedios, al igual que sucedió con todos los elementos políticos del país, la administración municipal vivió una especie de *status quo*, un enorme vacío de autoridad.

Luis Muñoz Rivera, Presidente del Gabinete Autonómico y férreo defensor de la autonomía municipal.

Los municipios y la Ley Foraker

La Ley Orgánica Foraker quedó aprobada el 12 de abril de 1900 y comenzó a regir el primero de mayo de ese mismo año. La Ley tuvo como propósito principal el establecimiento de un gobierno civil para Puerto Rico. En su artículo 32, el estatuto establece la autoridad de la Legislatura para crear, consolidar y reorganizar, según fuere necesario, los municipios. Este es un articulado que prevalece en nuestro ordenamiento político.

Contrario a lo establecido en la Carta Orgánica de 1897, la Ley Foraker impuso en el Consejo Ejecutivo y en el Gobernador, la función de otorgar las concesiones de naturaleza pública. Esto significó que la autonomía de los Municipios para estatuir sobre tales elementos ahora recaería en el gobierno central. Contrario al respeto de las instituciones prometido dos años antes por Miles, Puerto Rico sufrió un retroceso considerable en la forma de administrar sus asuntos internos.

Sobre este particular, cabe destacar la posición del Partido Federal Americano (antes Partido Liberal) de Luis Muñoz Rivera, en el sentido de reclamar la autonomía de los municipios de Puerto Rico. Sin embargo, el nuevo orden político no estuvo dispuesto a ello sino que, por el contrario, dejó claramente establecida la centralización como política pública del territorio. Ejemplo de ello no solo se encuentra en lo expresado anteriormente, sino en la facultad otorgada a la Legislatura para alterar, reformar, modificar y derogar incluso las ordenanzas municipales.

Para todos los efectos, la Ley Foraker no solo se constituyó en el establecimiento formal de la colonia, sino que trastocó los logros democráticos alcanzados en materia regional y municipal. Tanto así, que su Artículo 40 estableció una comisión especial a ser nombrada por el Presidente de los Estados Unidos, compuesta de tres miembros (por lo menos uno de los cuales debía ser ciudadano natural de Puerto Rico) y cuyo propósito específico fue revisar las leyes de Puerto Rico, los códigos de procedimientos y los sistemas de gobierno municipal.

Dos años más tarde, los trabajos de aquella comisión dieron como resultado la primera Ley Municipal bajo el régimen norteamericano[20].

Ley Municipal de 1902

El 2 de enero de 1902, el Gobernador William H. Hunt se dirigió a la Asamblea Legislativa de Puerto Rico, recientemente constituida, en Sesión Conjunta del Consejo Ejecutivo y la Cámara de Delegados. El mensaje de Hunt contiene elementos de gran relevancia para la historia municipal puertorriqueña. En particular, manifiesta tres elementos fundamentales: en primer lugar, la importancia de las municipalidades en el quehacer administrativo, gubernamental y social de los puertorriqueños; en segundo lugar, las prioridades gubernamentales de principios de Siglo (y en el marco del cambio de soberanía); en tercer lugar, el rol de las municipalidades en la administración de los recursos.

En aquella ocasión, el Gobernador Hunt abordó temas tales como la educación, como parte de lo cual expresó que los ayuntamientos habían realizado cuanto les correspondía en pro de la causa de la educación. Acto seguido propuso un aumento a la cantidad de dinero asignada por los municipios para el sostenimiento de las escuelas. La propuesta fue aumentar de un diez por ciento de los ingresos, que era lo vigente, a un quince por ciento. No conforme con ello, también expresó que la legislación "debería exigir a los depositarios municipales que traspasen ese dinero a las Juntas Escolares, sin dilación alguna".

Con respecto a la Hacienda, Hunt expresó la importancia de que los municipios perciban mayores ingresos, a fin de que puedan avanzar de reforma en reforma, inspirados en el espíritu del nuevo siglo. De acuerdo con el Gobernador, era preciso justificar los aumentos en las contribuciones para lograr el incremento deseado en los presupuestos municipales. Esta justificación se da en cuanto se den también mejoras municipales, las cuales aumentarán el valor de la propiedad. Con respecto a las asignaciones presupuestarias, indicó:

> "El sistema actual de cederles a los Municipios el quince por ciento de los arbitrios debería abolirse, y el Gobierno Insular debería retener todo el producto de la recaudación de los expresados impuestos. También debería enmendarse la Ley de manera que permitiese subir el tipo de la contribución sobre la propiedad a favor de los Municipios; y en vez de pagar, como hoy, no más que el medio por ciento por este concepto, que se pagase el uno por ciento como máximo. Los cambios que indico ayudarán poderosamente a los Tesoros Municipales, y gracias a ellos será mucho más satisfactorio el reparto de las contribuciones municipales y del Tesoro Insular.

Corresponde que los arbitrios sean contribuciones Insulares; además, el sistema actualmente adoptado de asignarles a las Municipalidades un tanto por ciento de los arbitrios recaudados, proporcional a su respectivo número de habitantes, resulta producir una gran injusticia, porque se da el caso frecuente de que a los distritos rurales extensos les toque mayor parte de las contribuciones, que a las poblaciones más grandes, aunque el distrito rural necesita menos el ingreso mayor".

Sin embargo, la sección del mensaje dedicada expresamente a los Municipios, requiere de especial consideración. Por la importancia de su contenido, se comparte a continuación el texto íntegro de aquella parte del mensaje:

"Ningún asunto de los que han de traerse a vuestra deliberación es más importante que el de la administración municipal. En la actualidad el sistema no es bueno; además de no ser satisfactorio, es muy costoso. No hay necesidad ninguna de que existan organizaciones municipales complicadas en las numerosas poblaciones menores que hay por toda la Isla. El pueblo se halla cargado de contribuciones para sostenerlas, y no obstante, las ventajas de una buena administración rara vez se realizan.

La observación que formulo es que, con administraciones menos complejas y con menos empleados municipales, habríamos de obtener responsabilidad más directa, cuyos resultados se-guros habrían de ser más asidua atención a los asuntos públicos, más amplio crédito, servicio de los hospitales más eficaz, régimen sanitario más satisfactorio, calles limpias y con buenas aceras y más rápida implantación de métodos modernos que han merecido general aprobación.

Hay dos maneras de conseguir la mejora: una es clasificar los municipios más grandes como ciudades, con cartas constitutivas reformadas, y a todas las demás poblaciones, como pueblos o aldeas; la otra manera sería consolidar unas con otras muchas de las Municipalidades hoy distintas, de modo que se redujese su número a unas cincuenta, dejando que subsista en lo esencial la forma de administración, tal cual se halla actualmente establecida.

La primera de estas reformas es más radical que la segunda, pero viene a ser un sistema económico más estable, y más temprano o más tarde lo tenemos que adoptar. La administración de villas, pueblos o aldeas, puede hacerse muy fácil, y el mecanismo embarazoso y dispendioso que hoy se emplea podría desecharse, creando consejos de Aldeas, compuestos de un Presidente, y cuatro o seis miembros electos, con autoridad limitada de corporación, análoga a la que ejercen los Consejos de las Ciudades. El número de empleados y su remuneración deberían ser idénticos en poblaciones de igual tamaño: los destinos que no se necesitan para el servicio público deberían suprimirse, y los sueldos deberían basarse total y exclusivamente sobre el verdadero valor del servicio que se desempeñe.

Yo os recomiendo que examinéis la cuestión de suprimir el cargo de Secretario del Tribunal de Policía en las poblaciones más reducidas, exigiendo que en ellas sea el Juez de Policía quien forme y guarde sus propios expedientes. Con hacer esto se conseguiría un gran ahorro; y allí donde lo justifique el bien público, debiera hacerse.

Juntamente con el perfeccionamiento de un sistema de reformas en la obtención de Rentas Insulares, debería ir uno de mejor administración de fondos municipales. Equivale a hacer la mitad del trabajo legislar para el uno y descuidar el otro. Debería haber dos investigadores públicos, funcionarios insulares, cuyos deberes fuesen ver que las cuentas municipales se llevasen con arreglo a un sistema uniforme, que habría de prescribirse y aprobarse por el Auditor y el Tesorero de la Isla. Los dichos investigadores deberían ir, de Municipio en Municipio, examinando los libros de cuentas públicas, y hacer que se lleven esos libros como corresponde. Las infracciones e irregularidades se echarían pronto de ver por estos funcionarios superiores. Debería exigirles la Ley a estos Investigadores que rindiesen informes por escrito, dando cuenta de su cometido, y revestírseles de plena autoridad para requerir la presentación de todo libro o cuenta municipal que deseasen inspeccionar.

La organización de este servicio de veedores es de especial urgencia en la actualidad, por estar las Ciudades ahora solicitando autorización para contraer deudas mediante bonos".

El 1 de marzo de 1902, el Gobernador Hunt envió el siguiente mensaje a Manuel F. Rossy, Presidente de la Cámara de Delegados: "Tengo el honor de informar a Ud. que en el día de hoy he firmado y aprobado una Ley, titulada 'Ley para aplicar la Ley titulada Ley Municipal aprobada en 1ro. de marzo de 1902 a las municipalidades que tengan una población de 8.000 habitantes o más', con ciertas modificaciones".

Esta legislación consolidó un número de pequeños Municipios, anexando los mismos a Municipios mayores. Las razones principales para ello fueron de estricto carácter económico. No fueron tomados en consideración elementos socioculturales, ni elementos tales como las necesidades de los pobladores de los municipios anexados. El resultado fue que la Ley ocasionó graves perjuicios a los Municipios anexados, obligándoles a pagar por mejoras en los pueblos mayores a los cuales fueron anexados y obligando a sus habitantes a viajar por caminos difíciles o casi intransitables, para comparecer ante las Cortes de Justicia o solicitar servicios, entre otros. Por estas razones, el Gobernador Hunt solicitó a la Legislatura la derogación de la Ley para que los Municipios fueran reorganizados con sus anteriores límites. Los municipios suprimidos en 1902 fueron los siguientes: Rincón, Barranquitas, Naranjito, Toa Baja, Moca, Gurabo, Quebradillas, Hatillo, Trujillo Alto, Cidra, Arroyo, Salinas, Juncos, Peñuelas, Guayanilla, Loíza, Corozal, Dorado, Vega Alta y Maunabo.

Tres años más tarde, siendo Gobernador Beekman Winthrop, en la Asamblea Legislativa se daba cuentas del fracaso de aquél proyecto. Para Winthrop, el asunto de la administración municipal era de vital importancia. Estaba consciente de que la Ley promovida por su antecesor operaba satisfactoriamente en las ciudades mayores, pero obligaba a los municipios pequeños a una forma de gobierno demasiado costosa y complicada. En su mensaje a la Asamblea Legislativa, el 10 de enero de 1905, el Gobernador expresó que, debido a esto, algunos de los pueblos más pobres se encontraban "virtualmente en bancarrota, mientras que con pocas excepciones todo pueblo de la Isla se ve acosado por antiguas deudas que se han acumulado durante los últimos años". Para ayudar a los Municipios, el Gobierno Insular había adoptado la práctica de anticipar ingresos, pero el Gobernador estaba convencido de que, al tratarse de un auxilio temporal, no podía considerarse como remedio para las condiciones en que se encontraban los ayuntamientos.

La recomendación entonces fue elaborar legislación con tendencia a simplificar la administración de los Municipios, dando a los pueblos más pequeños y más pobres la forma de gobierno más sencilla que fuese posible. Esto les libraría de una gran cantidad de gastos a los que estaban obligados por la Ley vigente. Entre otras, se proponía eliminar la responsabilidad de cuidar de la salud pública y atención de los pobres, de la misma forma en que se había eliminado la responsabilidad municipal de conservar los caminos públicos.

En marzo de 1905, el Gobernador firmó la Ley que devolvió a los municipios suprimidos su calidad como tales. En la misma fecha, se firmó también una legislación a los fines de que los servicios y materiales para sustentar las necesidades de los Municipios, fueran obtenidos mediante la celebración de pública subasta. Pero era necesario reformular nuevas soluciones para los problemas que la ley de 1902 había pretendido atender.

Ley Municipal de 1906

En su mensaje al inaugurar la Segunda Sesión Ordinaria de la Asamblea Legislativa, el Gobernador Winthrop retoma la intención de proveer a la isla de un adecuado y consistente sistema de gobierno municipal. Una vez más, el Gobernador insiste en que este es un asunto "de una importancia para el futuro de la Isla y merece un estudio detenido y concienzudo". Para Winthrop, es vital proveerle al país un sistema de gobierno municipal que ofrezca eficacia en la administración.

Por su parte, al iniciarse el segundo día de sesión, fue leído un mensaje, votado por la Asamblea de Municipios, en el que se solicita de la Asamblea Legislativa la creación de una "ley para el Gobierno de los Municipios de Puerto Rico en la que se reconozca y haga efectiva la autonomía que deben gozar dichos organismos en la resolución de sus propios asuntos".

El Proyecto de la Cámara (H.B.) 1 fue, por consiguiente, para establecer un sistema que atendiera las necesidades de los gobiernos municipales a través de una Ley de Gobierno local. El 8 de marzo de 1906, Winthrop firmaba el proyecto de ley (proyecto sustituto), que establecía la creación de los municipios de acuerdo a tres clases de ellos.

De acuerdo con Winthrop, la condición fiscal de los municipios había mejorado con respecto a los años fiscales anteriores, en parte gracias a medidas tales como la ley que dispuso el adelanto de remesas del Gobierno Insular para cubrir gastos de los municipios, a una baja tasa de interés. "Los gastos en los presupuestos municipales presentan resultados igualmente favorables. En ningún año han dedicado los municipios una proporción tan grande de sus gastos totales a obra de utilidad pública directa y a mejoras permanentes. El plan inaugurado hace dos años de conceder anticipos por corto tiempo del Tesoro Insular a los Municipios y Juntas Escolares, ha contribuido grandemente a este resultado", sostuvo el Gobernador, quien insistió en que la demostración "tan altamente satisfactoria que se ha hecho por los municipios, se debe, no tan sólo al aumento en el valor imponible de la propiedad y al haberse cobrado mejor las contribuciones, sino también a la forma en que los funcionarios municipales han desempeñado los deberes que se les tienen confiados. Los Alcaldes y funcionarios municipales generalmente han pugnado entre sí por hacer la mejor demostración posible de conservar a sus gobiernos libres de deudas y por dedicar una porción tan grande de sus fondos como les sea dable, a obras de mejoras permanentes".

La ley dispuso que la administración municipal estaría a cargo de un Alcalde y un Consejo Municipal, que ejercería las funciones legislativas. Tanto el Alcalde como los miembros del Consejo serían electos por voto popular, en elecciones celebradas cada cuatro años.

En términos fiscales, la Ley establecía una lista detallada sobre las rentas municipales, especialmente aquellas relacionadas con patentes. En base a las rentas y sus tipos, el Alcalde debía someter un proyecto presupuestario para la aprobación del Consejo Municipal. El proceso para que el mismo fuera vigente, incluía su publicación para que cualquier ciudadano que así o entendiera conveniente presentara sus propias objeciones y observaciones sobre el presupuesto. El Consejo tenía la obligación de atender entonces las observaciones ciudadanas sobre el proyecto presupuestario.

Los municipios tenían también facultad en ley para contraer deudas, tanto para la construcción de obras y mejoras permanentes como para otras de carácter necesario. Las deudas podía ser adquiridas tanto por medio de emisión de bonos, como por medio de empréstitos al

Gobierno central o a instituciones financieras como la banca privada.

Entre las disposiciones que generan mayor interés, está aquella que establece que el Estado podía investigar el funcionamiento administrativo y fiscal de los municipios. Toda persona que simplemente se negara a declarar en un proceso de investigación de este tipo, era incursa en un delito conocido como "misdemcanor", el cual podía conllevar cárcel con trabajos forzados.

También la ley de 1906 instituía la figura de delegado de barrio, popularmente conocidos como Alcaldes de barrio. Además, se establecía la posibilidad de la sindicatura para aquellos casos en que un Municipio no pudiera cumplir con sus responsabilidades fiscales. El síndico nombrado tendría entonces todas las facultades correspondientes al Alcalde y al Consejo. A su vez, tendría la responsabilidad de proveer para los gastos y deudas del Municipio. Por supuesto, estas responsabilidades venían acompañadas de un poder absoluto al ejercer todas las funciones ejecutivas y legislativas. Sus acciones solo serían supervisadas por el Consejo Ejecutivo Insular.

Ley 4 de 1913

Siete años despúes, la Asamblea Legislativa aprobó la Ley 4, autorizando a las corporaciones municipales (y también a las Juntas Escolares) a contraer deudas, tomar dinero a préstamo y emitir bonos.

La primera sección de la ley establecía la prohibición a cualquier municipio a contraer cualquier tipo de deuda cuyo monto total excediera el 7% del valor total de la riqueza del municipio, según tasada antes de emitirse la deuda. La sección tercera establece las causas para las cuales los municipios podían acceder a deuda: el pago de deuda flotante u obligaciones, la construcción o compra de obtras tales como acueductos, puentes, calles o caminos, o cualquier otra obra pública necesaria. En ningún caso para gastos de administración.

Era deber de los Consejos Municipales aprobar una ordenanza que especificara las razones para contraer la deuda y la forma en que la misma sería satisfecha. Esta ordenanza se presentaba al Consejo Ejecutivo de Puerto Rico, para el trámite correspondiente. En caso de que el Municipio no tuviera herramientas fiscales suficientes para satisfacer la deuda, la Ley permitía que los constribuyentes se reunieran en Asamblea y se autoimpusieran un impuesto especial a estos fines.

Los municipios y la Ley Jones

El 2 de marzo de 1917 quedó aprobada la Ley Jones, conocida de esta forma por el nombre de su autor, el congresista William Atkinson Jones. Tal como había sido estipulado en la Ley Foraker, el artículo 37 del nuevo estatuto también establece en la Legislatura la facultad de crear, consolidar y reorganizar los municipios. De igual forma, reafirma la facultad legislativa de proveer y derogar leyes y ordenanzas para los mismos. Una vez más, estas facultades incluyen, pero no se limitan a, alterar, reformar, modificar o derogar cualquiera o todas las leyes y ordenanzas, de cualquier clase, vigentes en los municipios de Puerto Rico.

Contrario a su antecesora, la Ley Jones atendió directamente el asunto de la deuda pública de Puerto Rico, particularmente en cuanto al tema municipal se refiere, al establecer en su tercer artículo lo siguiente:

> "No se impondrá ni cobrará derecho alguno sobre las exportaciones procedentes de Puerto Rico; pero podrán imponerse contribuciones e impuestos sobre la propiedad, ingresos, rentas internas, y por licencias, franquicias, privilegios y concesiones, cuando dichas contribuciones sean para los fines de los gobiernos insular y municipal, respectivamente, y se impongan

según las disposiciones y prescripciones de la Asamblea Legislativa de Puerto Rico; y en los casos en que fuere necesario anticipar contribuciones y rentas para proteger el crédito público, Puerto Rico, o cualquiera de sus municipios, podrá emitir bonos y otras obligaciones de acuerdo con la ley; Disponiéndose, sin embargo, que ninguna deuda pública de Puerto Rico y de los municipios de San Juan, Ponce, Mayagüez, Arecibo y Río Piedras será autorizada si excediere del 10 por ciento del valor total de la tasación de sus propiedades, y ninguna deuda pública de ninguna otra subdivisión o municipio de Puerto Rico se autorizará en lo sucesivo si excediera del 5 por ciento de la valoración total de la propiedad existente en cualquiera de esas subdivisiones o municipios; y todos los bonos emitidos por el Gobierno de Puerto Rico, o por autoridad de éste, estarán exentos de contribución por el Gobierno de los Estados Unidos, por el Gobierno de Puerto Rico, por cualquiera subdivisión política o municipio del mismo, o por cualquier Estado, Territorio o posesión, o por cualquier Condado, municipio u otra subdivisión municipal de cualquier estado, territorio o posesión de los Estados Unidos o por el Distrito de Columbia. Al computar la deuda de El Pueblo de Puerto Rico, no se contarán los bonos municipales, para el pago de cuyo capital e intereses se hubiere hasta la fecha empeñado la buena fe de El Pueblo de Puerto Rico, ni los bonos emitidos por El Pueblo de Puerto Rico garantizados por una suma equivalente de bonos de las corporaciones municipales o juntas escolares de Puerto Rico; pero sí se contarán todos los bonos que en lo sucesivo emitiere cualquier municipio o subdivisión dentro del 5 por ciento que por la presente se autoriza, para los cuales se pignore la buena fe de El Pueblo de Puerto Rico.

En adición, el Artículo 20 de la Ley reafirma la existencia de un Contador, puesto creado mediante la Ley Foraker.

Contrario a esta última, la nueva Ley estableció facultades y responsabilidades específicas en el puesto, cuyo ocupante sería nombrado por el Presidente de los Estados Unidos. Entre estas facultades y responsabilidades, se encontraban examinar, ajustar, decidir, fiscalizar y liquidar las cuentas y reclamaciones pertenecientes a las rentas e ingresos de los fondos municipales procedentes de emisiones de bonos, así como examinar, fiscalizar y liquidar todos los gastos de fondos y de propiedad de los municipios.

Ley 45 de 1917

El 30 de noviembre de 1917, fue aprobada por la Asamblea Legislativa la Ley 45, autorizando la formación de asociaciones de municipios para la emisión de bonos para acceder a fondos que permitieran la construcción de obras, principalmente carreteras. Para ello, la Ley concedía a dichas asociaciones el carácter de corporaciones públicas, regulando además su constitución y funcionamiento.

El proceso para ello era como se describe a continuación. Aquellos Alcaldes interesados en la construcción, debían convocar una Asamblea de contribuyentes que se convertiría posteriormente en una corporación pública creada específicamente para los fines de la construcción[21]. Por ejemplo, si el interés era construir una red de carreteras entre el Municipio de Aibonito y el Puerto de Ponce, participarían del proceso los contribuyentes de los municipios por donde sería construída la red de carreteras en cuestión. Estos municipios estarían representados en una nueva corporación con la capacidad legal de emitir bonos, corporación que podía delegar sus decisiones en una Junta Ejecutiva cuyos miembros eran designados por medio de votación.

Una vez constituida la corporación y preestablecido el proyecto, el Comisionado del Interior tenía el deber de hacer los estudios correspondientes, incluyendo el presupuesto para la misma. Los municipios participantes en la corporación, asumían la deuda contraída para la construcción, en proporción a la propiedad raíz tasable de cada uno de ellos.

Además de para la construcción de redes de carreteras, podían establecerse asociaciones de municipios para la construcción de puentes, escuelas o casas-escuelas, cementerios, hospitales, represas y acueductos, entre otras. La ley fue derogada dos años después de su aprobación.

Ley Municipal de 1919

En 1919, se aprobó una nueva ley municipal: la Ley 85 de 31 de julio. Entre otros asuntos, abolió el puesto de alcalde y crea dos organismos: la Asamblea Municipal y el Concejo de Administración.

La Asamblea Municipal estaba revestida por las mismas limitaciones de la Asamblea Legislativa, pero tenía muchas más funciones. Entre estas, la aprobación del presupuesto municipal, la venta y permuta de propiedades, aprobación de empréstitos y contribuciones, y el nombramiento de los miembros del Consejo de Administración.

Éste, el Consejo de Administración, ejercería las funciones ejecutivas. Estaba compuesto por cinco Comisionados: un Comisionado de Servicio Público, Policía y Prisiones; un Comisionado de Sanidad y Beneficencia; un Comisinado de Hacienda; un Comisionado de Obras Públicas; y un Comisionado de Instrucción Pública. El primero ejercía las funciones de Jefe Ejecutivo del Municipio, con las mismas facultades de un Alcalde[22].

Con respecto al proceso presupuestario, el Consejo de Administración preparaba un proyecto de presupuesto, cuya aprobación estaba a cargo de la Asamblea Municipal. Sin menoscabo de las facultades propias de la administración municipal, era obligatorio separar determinados porcientos del presupuesto para asuntos particulares. Por ejemplo, el presupuesto de gastos de instrucción pública no podía ser menor del 25% del total de lo ingresado al Municipio por concepto de contribución sobre la propiedad. De igual forma, el Municipio debía invertir en las zonas rurales una suma no menor al 30% de la asignación en las ramas de instrucción, obras públicas y beneficencia.

La Ley de 1919 le confería a los municipios plena autoridad en todo asunto "puramente local" relacionado con obras, instrucción, beneficencia, orden, seguridad, policía, cárceles, asilos, hospitales, sanidad, higiene, reglamentación de construcciones, suministros de agua y energía eléctrica, entre una larga lista de otros asuntos.

Ley Municipal de 1928

Consistente con el espíritu centralizador de la época, La Ley 53 de 28 de abril de 1928 se denominó como "Ley Municipal" y estableció un nuevo estado de derecho con respecto a los municipios. Estos eran definidos como corporaciones políticas y jurídicas.

Al igual que sus predecesoras, esta Ley establecía tres categorías o clases de municipio. Los municipios de primera clase eran aquellos con una población de más de treinta mil habitantes y una tasación (realizada por el Departamento de Hacienda) de diez millones de dólares o más. Los municipios de segunda clase eran aquellos con una tasación de entre tres millones y diez millones de dólares (o ingresos ordinarios de cincuenta mil dólares) y una población no menor a cinco mil habitantes. Un municipio de tercera clase era aquél no comprendido en las clases anteriores.

Siguiendo la tradición de separar los poderes, los municipios estaban constituidos por una Asamblea Municipal electa por voto popular y una Junta Administrativa. Las Asambleas celebraban una única sesión anual, que se extendía por un número determinado de días, dependiendo de la categoría o clase de Municipio. Entre sus responsabilidades se encontraba la aprobación del presupuesto municipal y la confirmación de los nombramientos hechos por el Alcalde.

La Junta Administrativa ejercía el poder ejecutivo y era dirigida por el Alcalde, quien ahora pasaría a ser electo de la misma forma en que eran electos los miembros de la Asamblea Municipal: mediante el voto de los electores del municipio.

En términos administrativos, la Ley Municipal de 1928 prohibía el desempeño por una persona de dos o más cargos o empleos que tuvieran sueldos separados en el presupuesto con el objeto de evitar la percepción de dos sueldos, sino que la intención del legislador iba más allá, prohibiendo ocupar dos cargos aunque sólo se percibiera el sueldo de uno; en este caso y a modo de excepción, la ley autorizaba el desempeño de dos cargos con carácter interino.

Al igual que en la ley anterior, el artículo 39 de la Ley de 1928 disponía la forma en que el Alcalde debía preparar y presentar el proyecto presupuestario ante la Asamblea Municipal. Sin menoscabo de las prerrogativas del Ejecutivo para determinar las necesidades de su municipio, esta Ley también le obligaba a separar una cantidad de dinero que en ningún caso sería menor al 25% de lo recaudado en contribuciones sobre la propiedad en el municipio, para ser destinado a gastos de instrucción pública.

Ell artículo 40 mantenía vigente la facultad que tenía cualquier ciudadano para expresarse o hacer objeciones al presupuesto municipal. De cualquier ciudadano tener algo que expresar sobre el presupuesto municipal, éste debía hacerlo por escrito a la Asamblea Municipal, la cual tenía la obligación de atender tal reclamo.

En términos políticos, la Ley de 1928 promovía el balance de poderes entre los poderes ejecutivo y legislativo municipal. Sin embargo, también disponía en caso de que ambos poderes tuvieran fricciones que pusieran en riesgos los asuntos públicos municipales. Específicamente, el Artículo 11 disponía que, en este caso, se acudiera al Gobernador, quien tendría la responsabilidad de ordenar una investigación. Esta investigación estaría a cargo de la Oficina del Auditor de Puerto Rico, quien haría un informe al Senado. Si se entendía necesario, el informe podía recomendar la destitución del Alcalde o de alguno, o todos, los miembros de la Asamblea, siendo cubiertas las vacantes de la forma en que se disponía por Ley.

Ley especial para la Ciudad Capital

El 15 de mayo de 1931 quedó aprobada la Ley Núm 99, estableciendo un gobierno especial para la Ciudad Capital. Esta legislación abolió el Municipio de San Juan. En su lugar, quedó constituida una corporación politico-jurídica, que tendría facultades legislativas y administrativas. Las mismas serían ejercidas de la siguiente forma: el poder legislativo lo ejercería una Junta de Comisionados, mientras que el poder ejecutivo sería ejercido por un Administrador. Los Comisionados serían nombrados por el Gobernador, con el consejo y consentimiento del Senado. Estos nombramientos estarían vigentes hasta el primer lunes de enero de 1937. Esto, ya que a partir de las elecciones generales de 1936, los Comisionados pasarían a ser electos por sufragio popular.

A su vez, era la Junta la que nombraba al Administrador de la Ciudad[23]. De acuerdo al artículo 21 de la Ley, contrario a los Comisionados, el Administrador de la Ciudad no tenía un término fijo para ocupar el puesto, sino que podía desempeñar su cargo mientras observara buena conducta. Sobre este, recaía la responsabilidad de nombrar a los siguientes funcionarios: el Tesorero Municipal, el Director de Obras Públicas, el Director de Sanidad y Beneficencia, el Director Escolar y el Secretario de la Capital.

Con respecto a los presupuestos, era el Auditor de Puerto Rico quien tenía la responsabilidad de presentar ante los Comisionados, los estimados para el próximo año fiscal. La Junta de Comisionados confeccionaba el presupuesto. El artículo prohibía expresamente incurrir en obligaciones o deudas adicionales a los créditos asignados (salvo por transferencia o sobrante).

Resumen

Hoy, casi al culminar la segunda década del Siglo XXI, podemos mirar atrás y comprender que han sido muchas, y también grandes, las luchas por desarrollar una administración municipal adecuada a cada tiempo. Desde la total autonomía en tiempos de nuestros aborígenes, pasando por los tiempos de extrema centralización por parte de ambos imperios, nuestros municipios han visto cómo se desarrolla la política pública del Estado, unas veces para crecer, otras para echar atrás los avances y logros alcanzados.

Las diversas leyes aprobadas durante los pasados cinco siglos son un retrato del espíritu de cada época. Ante los retos que vive la administración municipal puertorriqueña, tal vez sea momento de observar la forma en que se fue desarrollando la misma y, con un sentido adecuado de la historia, rescatar aquellos mecanismos de antaño que pudieran marcar un nuevo tiempo. Por ejemplo, el establecimiento de estrictos topes de endeudamiento, determinados márgenes o límites de acción por parte de os administradores, e incluso una reformulación de las responsabilidades delegadas por el Estado a los municipios.

Estudiar los sucesos de la historia de la administración municipal, permite recapitular sobre los estatutos que una vez estuvieron vigentes, y también sobre los conceptos que pudieran ser rescatados de cara al porvenir. La plena autonomía, por ejemplo, es uno de esos conceptos a los que debemos volver a aspirar. También, a la mayor participación posible de los habitantes en la toma de decisiones de sus respectivos municipios, más allá de participar en las elecciones cada cuatro años.

Mirar aquellos espejos, puede ser el primer paso para encaminarnos hacia nuevos derroteros y horizontes. La historia está allí, plasmada para la posteridad.

SEGUNDA PARTE: PRESENTE

*Al gobernar aprendí a pasar,
de la ética de los principios, a la ética de las responsabilidades*

Felipe González

El presente capítulo aborda la administración municipal puertorriqueña en cuanto a su estructura actual. Esta estructura emana de la Constitución del Estado Libre Asociado, cuyo artículo VI, secciones 1 y 2, facultan sobre la administración municipal.

Para comprender la situación actual de la administración municipal en Puerto Rico, es necesario analizar su desarrollo desde que la Convención Constituyente decidió trasladar el articulado de la Ley Jones con respecto a los municipios y convertirlo, casi como una copia, en la letra constitucional. A partir de entonces, no han sido pocos los esfuerzos por ofrecer a la administración municipal las herramientas de desarrollo, a la luz de cada tiempo. Es así como se aprobaron leyes municipales en la década del '60, la década del '70, la del '80 y la del '90 del Siglo XX.

Este capítulo sintetiza algunos de estos estatutos municipales, así como otros, cuyos propósitos siempre fueron brindar instrumentos para una adecuada administración a nivel municipal en Puerto Rico. Propósitos como el principio de autonomía, que levanta y defiende el actual estado de derecho, contemplado en la Ley de Municipios Autónomos, la cual data de 1991. Es un principio vislumbrado mucho antes de la Constitución, como se ha podido ver en la primera parte de este trabajo. La conclusión es sencilla: a mayor nivel de autonomía, mejores servicios recibirán los ciudadanos. De eso se trata la administración municipal: de acercar el gobierno a los ciudadanos e incluso hacerlos parte de la gobernanza.

A partir de 1991, con la aprobación de la Ley de Municipios Autónomos, la administración municipal dió un giro extraordinario en la forma de gobernar. En las páginas que siguen se analizará si, en efecto, se han logrado los objetivos en cuanto a ello. También se analizarán varias iniciativas y proyectos que demuestran que el espíritu de la Ley está correctamente planteado, pero no ha sido necesariamente bien encaminado.

¿Por qué entonces parece que la situación actual de nuestros municipios es cada vez más precaria? ¿Por qué existen movimientos que solicitan la eliminación o la consolidación de municipios? ¿Qué principios, de aquellos defendidos y esbozados durante el Siglo XX, son posibles en el Siglo XXI? ¿A qué costo? ¿Qué valores se encuentran presentes en nuestra cultura política municipal y cuántos de estos requieren de un análisis profundo, de una muy profunda introspección?

Las respuestas a esta y otras interrogantes, quizás puedan encontrarse en las páginas que siguen.

La Constitución de 1952

Entre 1951 y 1952, los delegados a la Convención Constituyente trabajaron arduamente en la redacción de nuestra Constitución. Después de varios siglos en los que nuestro funcionamiento interno dependió exclusivamente de la metrópoli, un extraordinario grupo de puertorriqueños, de todas las corrientes ideológicas, redactaron una Constitución de avanzada. Por lo menos una docena de proposiciones relacionadas a los municipios fueron discutidas durante los trabajos de la Convención Constituyente. A continuación, algunas de ellas:

En septiembre de 1951, Dávila Monsanto propuso que cada municipio con una población menor a cincuenta mil habitantes eligiera un Representante a la Cámara, así como se eligiera un Representante por cada cincuenta mil habitantes o fracción en el caso de aquellos municipios con mayor cantidad de habitantes[24]. Esta proposición hubiera convertido a la Cámara de Representantes en un híbrido entre cuerpo territorial y cuerpo representativo de la proporción poblacional.

Por su parte, Solá Morales y Goitía solicitaron mediante proposición que los municipios fueran reconocidos por la Constitución como fundamentos básicos de la organización política del pueblo de Puerto Rico. Esta proposición incluía el derecho de los habitantes de los municipios a decidir mediante sufragio cualquier cambio propuesto en cuanto a nombre, localización, anexión, eliminación, limitación o expansión de los límites territoriales[25].

Durante los trabajos de la Asamblea Constituyente se discutieron numerosas proposiciones relacionadas a cómo estaría constituido el gobierno municipal puertorriqueño[26]

La Proposición Núm. 251, presentada por Fernós Isern, solicitaba que el Estado reconociera a los municipios como organismos políticos para fines de gobierno. Por su parte, la proposición Núm. 82, presentada por Sandín, Rivera Candelaria, Barceló, Figueroa Oliva y Rosa, hubiese dejado establecido que los municipios tendrían plenas facultades legislativas y administrativas en todo asunto que fuere de naturaleza municipal y que se relacionara con beneficencia, instrucción, orden y seguridad pública, obras públicas, servicios y otros.

Sin embargo, la Proposición Núm. 315 es la que posiblemente mejor recoge las aspiraciones de elevar a los municipios a rango constitucional. La propuesta, presentada por Muñoz Rivera, proponía que aquellos municipios con una población mayor de cincuenta mil habitantes podrían adoptar sus propias cartas orgánicas. Una carta orgánica es el conjunto de normas desarrolladas para regir la vida institucional, política y económica del municipio.

De acuerdo con la proposición de Muñoz Rivera, los municipios con las características adecuadas, hubiesen tenido la facultad constitucional de declarar los principios que regirían sus sistemas de administración, modelos de organización y distribución de recursos, organizando los poderes y determinando las atribuciones y funciones de los organismos municipales.

Todas estas proposiciones y algunas otras, intentaron reconocer en la Constitución del Estado Libre Asociado, la realidad de que los municipios son los elementos gubernamentales más cercanos a la ciudadanía. No obstante, el texto constitucional solo haría mención destacable sobre los municipios en las secciones 1 y 2 del Artículo VI. La primera, establece en la Asamblea Legislativa la facultad para crear, suprimir, consolidar y reorganizar los municipios en Puerto Rico. La segunda, también establece en el Poder Legislativo la facultad de establecer límites para la emisión de obligaciones directas por cualquier municipio por dinero tomado a préstamo[27]. Ambas disposiciones se limitan a recoger lo estipulado anteriormente, tanto en la Ley Foraker como en la Ley Jones, tal como ha quedado establecido anteriormente.

Tal que así quedó plasmada en la Constitución lo relacionado a los municipios. Para algunos destacados estudiosos de la materia, la Convención Constituyente falló al no garantizar la autonomía municipal como parte esencial de la estructura gubernamental del país. Tal es el caso de Carl Friedrich, un reconocido constitucionalista, profesor de la Universidad de Harvard y quien fuera asesor de la Convención. Friedrich es citado por Hernández Colón al exponer sobre la autonomía municipal:

"Una cuestión básica, muy importante para la tarea constitucional en Puerto Rico es: el problema de crear las estructuras necesarias para el desarrollo de una autonomía local eficaz. Bajo las leyes orgánicas, este prerrequisito esencial de cualquier democracia genuina y eficaz ha permanecido descuidado. Ha habido una súper concentración de poder y autoridad en el centro. Por esta razón, una esfera de la autonomía local genuina como existe en los estados de la Unión debió haberse establecido constitucionalmente (...). Desafortunadamente, la Convención Constituyente de Puerto Rico –Artículo VI, Sección 1- ha perpetuado el sistema de control total centralizado, en lugar de establecer una garantía de autonomía para el gobierno local. Este es el defecto más serio de la nueva Constitución"[28].

En adición, la Constitución fijó una limitación a la emisión de bonos y pagarés municipales de obligación general, para cuyo pago un municipio puede comprometer su buena fe, su crédito y su facultad para recaudar impuestos. El saldo pendiente del principal de los bonos y pagarés de un municipio no puede superar el 10%

de la valoración agregada de la propiedad tributable dentro del municipio.

La aprobación de la Constitución no alteró el estado de derecho con respecto a los municipios y su funcionamiento se mantuvo regulado por la Ley Municipal de 1928, hasta que en 1960 el Gobernador Muñoz Marín firmara la Ley Núm. 142.

Ley Municipal de 1960

El 21 de julio de 1960, el Gobernador Muñoz Marín firmó la Ley Núm. 142 estableciendo un sistema de gobierno local para los municipios de Puerto Rico. Esta Ley sería conocida como Ley Municipal y tenía como propósito innovar los estatutos municipales que provenían de 1928, previo al establecimiento del Estado Libre Asociado. Muñoz Marín ya había adelantado la necesidad de una nueva ley municipal, en su mensaje a la Asamblea Legislativa, el 22 de enero de 1958:

> Todos estamos interesados en que la nueva legislación municipal quede aprobada este año. Recomiendo, a este efecto, que se engloben ciertos fondos, y se añada a ellos la cantidad que se ha venido asignando para los fines que llamamos proyectos locales. De modo que, formando un solo fondo, estén, mediante una justa fórmula distributiva, enteramente bajo la autoridad de los gobiernos municipales. Esto añadirá autonomía real a los municipios. Le restará poderes a ustedes, mis amigos de la Legislatura, y me restará poderes a mí como Gobernador. Saber desprenderse de poderes en nombre de buenos principios, es disciplina en que los ciudadanos y gobernantes de una democracia no debemos desperdiciar la oportunidad de adiestrarnos[29].

Entre otros mecanismos, esta Ley crea la Comisión para Ventilar Querellas Municipales. Este es un organismo del gobierno central, cuyo propósito era atender las querellas sometidas contra los Alcaldes, bien por el Gobernador como por cualquier ciudadano.

Con respecto a los presupuestos municipales, la Ley facultaba a las Asambleas Municipales para aprobar, no solo el presupuesto de ingresos y gastos, sino también cualquier transferencia de crédito entre partidas. Esto suponía que, una vez aprobado el presupuesto funcional para un año económico o fiscal, este no podía sufrir cambios sin la expresa autorización de aquellos que habían aprobado la versión final del proyecto presupuestario. Era una disposición que buscaba garantizar que el Municipio se adecuara al presupuesto existente. Posteriormente esta es una garantía que dejó de existir.

El 21 de julio de 1960, el Gobernador Muñoz Marín firmó la Ley 142 estableciendo una nueva Ley Municipal para Puerto Rico.

Para 1960, el gobierno central ejercía no muy pocas funciones con respecto a los municipios, principalmente en el área fiscal. Por ejemplo, era el Secretario del Departamento de Hacienda el encargado de las asignaciones a los municipios, los informes sobre estos al Gobernador y la Asamblea Legislativa, revisar los presupuestos municipales aprobados en los municipios, hacer recomendaciones, entre otras funciones. En adición, los municipios estaban en la obligación de someter al Gobernador o a la Asamblea Legislativa cualquier informe relacionado a su funcionamiento.

El caso del Municipio de San Juan es particular. El artículo 10 de la Ley de 1960 establece la composición de las Asambleas Municipales, estableciéndose una disposición especial para la Ciudad Capital. Esta disposición especial consistía en que, aunque la misma se compondría de diecisiete miembros, solo doce de ellos serían electos. Los otros cinco miembros serían nombrados por el Gobernador, con el consejo y consentimiento del Senado.

Con respecto al poder ejecutivo, todos los municipios de Puerto Rico elegían a su Alcalde, con excepción de San Juan. La Ley de 1960 establecía el poder ejecutivo en la Ciudad Capital en la figura de un Administrador, el cual era nombrado por la Asamblea Municipal. La Ley fue enmendada dos años después, a los efectos de regresar al sistema de elección del primer ejecutivo municipal de la Capital.

Programa de Participación Municipal

El 9 de julio de 1973, el Gobernador Hernández Colón firmó la Ley Núm. 2, creando el Programa de Participación Municipal. Esta ley proveyó para otorgar mayores poderes a los municipios, pues les permitía decidir los proyectos de obras y mejoras públicas a ser desarrolladas en su respectivas comunidades. Esta facultad estaba reservada anteriormente al Gobierno Central.

Si bien es cierto que, posteriormente, el Programa sufrió cambios significativos dada la incapacidad de algunos municipios para facilitar fondos propios de pareo, esta iniciativa fue un paso importante en el camino hacia la autonomía. Se trataba de dar mayor participación a los municipios, en la formulación de estrategias de desarrollo. A partir de entonces, era posible que fueran los municipios los que determinaran las prioridades con respecto a las obras públicas de sus respectivas jurisdicciones, se estimulaba la creación de empleos en el área del desarrollo y se estimulaba una participación directa y activa en el desarrollo económico.

Importante es señalar la manera en que las aportaciones estatales eran distribuidas. En lugar de la arbitrariedad con que en tantas ocasiones se otorgan los fondos estatales, la ley de 1973 dispuso que los mismos habrían de ser distribuidos de la siguiente forma: el 50% de los mismos se distribuían de manera equitativa entre todos los municipios, mientras que el restante se distribuía mediante una fórmula determinada en base a las familias de bajos recursos. Es decir, que la ley fundamentaba la asignación de fondos tomando en cuenta dos elementos de gran importancia: la equidad y la atención de los sectores marginados de las comunidades.

Ley 18 de 1974

El 9 de agosto de 1974, el Gobernador Hernández Colón firmó la Ley Núm. 18, creando la Administración de Servicios Municipales de Puerto Rico. Esta Ley resultó precursora de los procesos de autonomía que vendrían más adelante, y testimoniaba el interés de dotar a los municipios de las herramientas necesarias para alcanzar los mayores niveles posibles de desarrollo autonómico.

El nuevo organismo, integró la mayoría de los servicios que, hasta entonces, prestaban las agencias estatales a los municipios. Su principal función, era la de brindar ayuda y asesoramiento a los municipios, en relación con programas de obras y servicios. Era la política pública de entonces, canalizar las energías creadoras de los municipios para que los mismos lograran sus fines y propósitos de desarrollo.

Entre los artículos de la Ley, conviene destacar el número 10, el cual enmendó la Ley Municipal de 1960 a los fines de permitir que los Municipios establecieran convenios entre sí que permitieran emprender conjuntamente "cualquier estudio, trabajo, obra o mejora pública, la prestación de servicios públicos o la adquisición de servicios, asesoramiento, materiales, efectos, propiedades y equipo". Más de 40 años después, la legislatura del país aprobó una ley a estos mismos efectos. Tanto así fue visionaria la gestión de aquellos tiempos.

En síntesis, la entidad fue creada con el propósito de estimular y encauzar la energía creadora y los recursos de los municipios puertorriqueños, para que éstos pudiesen afirmar y ampliar su autoridad y autonomía[30].

Ley Orgánica de 1980

El 18 de junio de 1980, el Gobernador Romero Barceló firmó la Ley Núm. 146, que pasaría a conocerse como "Ley Orgánica de los Municipios de Puerto Rico", derogando así la Ley Municipal de 1960.

Esta Ley estableció la estructura municipal, constituyéndola como el gobierno local, compuesto por el poder ejecutivo y el poder legislativo. Se dispuso entonces que los municipios tendrían todos los poderes necesarios convenientes para llevar a cabo todas las facultades correspondientes al gobierno local y de aquellas incidentales y necesarias para el ejercicio de sus funciones.

La nueva Ley es un paso de avance en los esfuerzos por desarrollar la autonomía municipal. Su exposición de motivos expresa tal intención, al señalar que la tendencia de la centralización no contribuye a alcanzar niveles adecuados en prestación de servicios directos a la ciudadanía. En adición, la Ley de 1980 reconoce la importancia de la participación ciudadana, que más tarde sería central en la reforma de 1991[31].

El estatuto ampliaba las facultades legislativas y administrativas de los municipios en asuntos de naturaleza fiscal. A través de esta Ley, la Asamblea Legislativa facultó a los municipios para imponer y cobrar contribuciones, derechos de arbitrios e impuestos razonables sobre materias "no incompatibles" con la tributación impuesta por el Estado.

El Título V de la Ley, mantiene en funcionamiento la Comisión para Ventilar Querellas Municipales, la cual ahora pasaría a llamarse Comisión Estatal para Ventilar Querellas Municipales. Al igual que la Comisión anterior, ésta también estaba compuesta por tres miembros, nombrados por el Gobernador con el consejo y consentimiento del Senado. La función principal de la Comisión era entender en aquellas querellas formuladas contra los Alcaldes.

Bajo la Gobernación de Carlos Romero Barceló, se aprobó la Ley Orgánica de 1980

Al igual que en los estatutos de 1928 y 1960, la Ley facultaba al Gobernador para destituir al Alcalde o a cuantos miembros de la Asamblea Municipal fueran necesarios, en aquellos casos en que las fricciones entre el poder Ejecutivo y el Legislativo pusieran en riesgo el crédito o los asuntos públicos municipales. De igual forma, la Ley establecía en el Gobernador la facultad de refrendar las Ordenanzas Municipales[32]. Es decir, que si bien las Asambleas Municipales y los Alcaldes tenían la facultad de aprobar los estatutos municipales, existían algunos que debían ser aprobados por el Gobernador, lo que ciertamente resultaba altamente incompatible con todo principio de autonomía.

Un estudio de 1983, reveló la necesidad de reformar la manera en que estaba diseñada la administración municipal en Puerto Rico. Entre otras cosas, dicho estudio daba cuenta sobre el alto grado de dependencia que tenían los municipios, principalmente en asuntos como la contribución sobre la propiedad como fuente de ingreso. También destaca el hecho de que, en la estructura de ingresos municipales, era muy alta la dependencia de los municipios de ingresos provenientes de fuentes no presupuestarias. De acuerdo al Informe, el incremento registrado en la magnitud y participación relativa de los ingresos no presupuestarios, refleja una tendencia de los municipios a depender más de fuentes de ingresos externas, a la vez que han disminuido su capacidad para generar ingresos[33].

Ante la situación existente, se hacía necesario redimensionar las facultades y poderes de los gobiernos municipales. Esta redimensión no podía ser a través de remiendos a las leyes existentes[34]. Había que reformar.

La Reforma Municipal de 1991

El 24 de abril de 1991, el Gobernador Hernández Colón anunciaba la radicación de varios Proyectos de Ley, cuyo conjunto se habría de conocer como la Reforma Municipal. Estos, eran el resultado del trabajo que había estado realizando la administración, en búsqueda de una abarcadora y profunda reforma, que garantizara niveles adecuados de autonomía municipal para Puerto Rico. Ya en el Mensaje sobre la Situación del País pronunciado el 25 de febrero de 1991, el Gobernador había adelantado su interés de redimensionar las facultades de los municipios, trasladando a estos, recursos fiscales y funciones que, hasta entonces, eran dominio del gobierno central. De acuerdo con el Gobernador, la meta entonces era que los Municipios alcanzaran los niveles adecuados de autonomía en un espacio de tiempo de entre uno y cinco años.

En aquella ocasión, el Gobernador Hernández Colón dijo lo siguiente:

> La Ley de Municipios Autónomos que someteré a esta Asamblea Legislativa proveerá fuentes de ingreso propias del municipio; facultades para planificar, zonificar y expedir permisos; facultades para atender situaciones especiales como, por ejemplo, el transporte urbano, el establecimiento de distritos de mejoramiento comercial o la modernización de los sistemas de disposición de desperdicios; normas para uniformar la contabilidad municipal; intervenciones anuales del Contralor de Puerto Rico. La Ley de Municipios Autónomos proveerá para que el municipio sea una institución que juegue un rol fundamental en el desarrollo de los procesos democráticos de participación. La habilidad de los alcaldes para movilizar eficazmente la energía comunitaria y privada y su conciencia del problema local los hace capaces de organizar programas y proyectos más adaptados a las necesidades municipales.

La Reforma Municipal de 1991 estableció la nueva política pública del Estado con respecto a los municipios y reestructuró dramáticamente el concepto de administración municipal. Ordenó el establecimiento de un

RIGOBERTO RODRÍGUEZ ROCHE, PHD

sistema uniforme de contabilidad, creó la Oficina del Comisionado de Asuntos Municipales y el Centro de Recaudación de Ingresos Municipales (CRIM), acercó a las comunidades a la toma directa de decisiones, elevó a los máximos niveles posibles de autonomía los procesos de administración, entre otras aportaciones históricas. Así pues, el 30 de agosto de aquél año, el Gobernador Hernández Colón firmó las Leyes 80, 81, 82 y 83. La Reforma Municipal marcaba un momento histórico para la administración municipal en Puerto Rico.

Aquella reforma era la culminación de un largo proceso, producto de la pasión visionaria de Hernández Colón con respecto al tema de los municipios. Un proceso que había iniciado temprano en el año 1985, cuando el Gobernador firmó la Orden Ejecutiva 4564-A creando la Comisión para la Revisión de la Ley Municipal. Dicha Comisión tenía como objetivo hacer recomendaciones que permitieran asignar un rol más activo a los gobiernos municipales, mediante el fortalecimiento administrativo y fiscal de éstos. Dos años después, en 1987, la Comisión rindió el *Informe Sobre la Situación Socioeconómica y Fiscal Actual de los Municipios Puertorriqueños*, el cual detalló los retos de entonces y el camino a seguir para superarlos.

La mejor forma de entender dicho camino está contenida en un Memorando Interno enviado por el Gobernador Hernández Colón al Lcdo. Luis A. Velasco Suro, entre cuyos párrafos se destaca lo siguiente:

La normativa de la reforma es simple. Transferir poderes a los municipios e identificarles fuentes de recursos para que puedan ser entidades gubernamentales más autónomas e incorporadoras de la participación ciudadana en los niveles locales que enriquezca y profundice nuestra democracia[35].

Poco más de un año después, el 21 de abril de 1989, Hernández Colón firmaba la Orden Ejecutiva 5341-A, creando y estableciendo la Oficina para el Desarrollo Autonómico de los Municipios, adscrita a la Oficina del Gobernador. Esta oficina tendría a su cargo la función generadora de mayor autonomía municipal, canalizando la política pública del Estado Libre Asociado establecida en la Resolución Conjunta 77, de 21 de agosto de 1988, la cual asignó el presupuesto correspondiente para la realización de todos los estudios necesarios sobre aquellos aspectos fundamentales que permitieran un nuevo régimen gubernamental municipal[36].

Los esfuerzos de entonces incluían la necesidad de reorganizar la Administración de Servicios Municipales. Entre las necesidades identificadas, se encontraba la de establecer un nuevo sistema computarizado de contabilidad para los municipios. Durante años, esta fue una de las preocupaciones principales, dado que los municipios incumplían constantemente con su responsabilidad de informar al Estado sobre las condiciones fiscales reales en que se encontraban[37]. El nuevo sistema permitiría tener información actualizada y real, lo que resultaba fundamental para la reestructuración. Posteriormente, la conclusión habría de ser la disolución de la Administración y su sustitución por nuevos organismos que facilitaran la transición hacia el nuevo modelo de administración municipal.

Así, pues, comenzaba una nueva era en términos de nuestros municipios. Una era marcada por la mayor y más genuina aspiración: la autonomía. Una aspiración que no se daba en el vacío, sino que era resultado de largos años de esfuerzos, estructura y acción. El año 1991, fue el año de la reforma.

Ley de Municipios Autónomos

El 30 de agosto de 1991, el Gobernador Hernández Colón firmó la Ley Núm. 81, la cual habría de conocerse como Ley de Municipios Autónomos de Puerto Rico[38]. El principio de la misma es básico: en un sistema de gobierno del pueblo, por el pueblo y para el pueblo, el poder y las decisiones deben estar en manos de la estructura gubernamental más cercana al ciudadano. Aquél día, se daba un paso extraordinario en la aspiración de dotar a los municipios puertorriqueños las herramientas necesarias para alcanzar la autonomía.

Las diferencias entre la nueva Ley y sus predecesoras, en determinados aspectos, son extraordinarias. Por ejemplo, elimina la facultad del Gobernador para destituir al Alcalde o a los miembros de la Legislatura Municipal (el equivalente a suprimir la misma), a causa de las fricciones entre ambos poderes. Las fricciones entre poderes es, en teoría democrática, un ejercicio útil que demuestra que los procesos son más que simples actuaciones pro-forma. La facultad que las leyes anteriores le concedían al Gobernador, era una afrenta a la genuina aspiración autonómica municipal. En su lugar, la nueva Ley establece un mecanismo adecuado, independiente y, sobre todo, específico en cuanto a las causas y procesos a seguirse para la destitución de los Alcaldes.

De igual forma, las Legislaturas Municipales y los Alcaldes ya no tendrían que enviar sus ordenanzas para que las mismas fueran refrendadas por el Gobernador. La nueva Ley había establecido un sistema de balance de poderes, con la misma fortaleza con que está balanceado nuestro sistema estatal. Lo que antes era conocido como Asambleas Municipales, ahora se conocería como Legislaturas, las cuales ejercerán el poder legislativo dentro de la jurisdicción municipal.

La Ley establece también un sistema de gobierno basado en el empoderamiento de las comunidades, insertando las mismas en el proceso de decisiones. El Capítulo XVI está dedicado exclusivamente a establecer aquellas medidas que permiten y propician la participación real y efectiva de los ciudadanos en la planificación, desarrollo y mejoramiento de sus comunidades.

A estos fines, se creó el Programa de Participación Ciudadana para el Desarrollo Municipal, a través del cual cada municipio dispone de los fondos que le corresponden para ser utilizados en el mejoramiento de las comunidades, con la creación y participación de asociaciones de residentes y también de comerciantes. Estos fondos solamente pueden ser utilizados para el desarrollo de obras y mejoras permanentes presentadas por las asociaciones, mediante un proceso cuidadosamente establecido por la Ley. En nuestra opinión, el Capítulo XVI de la Ley de Municipios Autónomos es el que mejor retrata la aspiración democrática de participación ciudadana.

El Gobernador Hernández Colón diseñó, durante los cuatrienios de 1985-1988 y 1989-1992, la Reforma Municipal mediante la cual se implementaría, entre otras, la Ley de Municipios Autónomos de Puerto Rico. La foto capta el momento es que la Reforma es convertida en Ley[39].

El Capítulo XVII, faculta a los Municipios a autorizar la creación de Corporaciones Especiales para el Desarrollo Municipal, entidades sin fines de lucro, con el propósito actividades, empresas y programas dirigidos al desarrollo del Municipio a través de áreas tales como servicios de tipo social, desarrollo de terrenos públicos, vivienda de tipo social, comercio, industria, agricultura, recreación, salud, ambiente, deporte, cultura, e incluso la generación de electricidad a través de fuentes renovables de energía.

Ciertamente, la cuestión fundamental se centró en proveer a los municipios aquellas herramientas que permitieran un mejor proceso democrático, a través de la autonomía. Pero la autonomía se convierte en utopía si, como parte de la reestructuración, no se provee también el poder de allegar las fuentes de ingreso que permitan la puesta en marcha de los programas y planes. Había dos asuntos que la Reforma tenía que atender de inmediato. La primera, era proveer sistemas adecuados de contabilidad municipal. La segunda, era la de darle a los municipios la capacidad para allegar recursos fiscales.

Ambos asuntos se atenderían a través de dos entes: la Oficina del Comisionado de Asuntos Municipales y el Centro de Recaudaciones de Ingresos Municipales.

Oficina del Comisionado de Asuntos Municipales

El Capítulo XIX de la Ley 81, creó la Oficina del Comisionado de Asuntos Municipales (OCAM), entre cuyas funciones se encuentran la responsabilidad principal de asesorar y aprobar reglamentación con el propósito de asegurar la aplicación de los procedimientos contables generalmente aceptados, el cumplimiento con las normas de la Oficina del Contralor de Puerto Rico y la corrección de prácticas que constituyen fuente de señalamientos administrativos y/o contables.

Además de sus responsabilidades con respecto a la contabilidad, OCAM también interviene en lo que las leyes anteriores llamaban fricciones entre los poderes legislativo y ejecutivo. En este sentido, está en manos de OCAM, la solución de discrepancias, como por ejemplo, las relacionadas a aspectos de asignación de fondos bajo el

Programa de Participación Ciudadana para el Desarrollo Municipal.

OCAM surgió como resultado de la reestructuración propuesta a la Administración de Servicios Municipales. Con toda probabilidad, la más importante de las encomiendas, fue el establecimiento del sistema computarizado de contabilidad, que uniformaría los procesos fiscales de todos los municipios.

En carta dirigida al Secretario de Hacienda el 6 de marzo de 1989, la entonces Secretaria de Estado, Sila M. Calderón, recordaba la trascendental importancia del diseño del nuevo sistema e instruía para que los procesos iniciaran de manera inmediata[40]. La importancia, o más bien la urgencia, de lograr aquél avance, se basaba en la falta de informes de contabilidad que fueran fiables, por parte de los municipios.

El nuevo sistema, así como el nuevo organismo, permitieron la organización de la información fiscal necesaria, así como la posibilidad de analizar con mayor alto de fiabilidad, las acciones fiscales de los municipios en Puerto Rico.

La Oficina del Comisionado de Asuntos Municipales fue desarticulada durante los primeros meses del año 2017 y sus funciones fueron transferidas a la Oficina de Gerencia y Presupuesto y la Oficina para el Desarrollo Socioeconómico y Comunitario de Puerto Rico, creada mediante la Ley 10 de 15 de febrero de 2017[41].

Centro de Recaudación de Ingresos Municipales

La Ley 80 de 30 de agosto de 1991 forma parte esencial de la Reforma de aquél año. Mediante esta Ley se crea el Centro de Recaudación de Ingresos Municipales (CRIM). Esta entidad independiente tendría la responsabilidad de la tasación, imposición, notificación, determinación y cobro de la contribución sobre la propiedad. Estos poderes referentes a las contribuciones sobre la propiedad, tanto mueble como inmueble, anteriormente eran ejercidos por el Secretario de Hacienda.

A través del CRIM se otorga a los Alcaldes la facultad de trabajar directamente con los ingresos provenientes de aquellas fuentes de recaudo que les correspondían, independientemente del gobierno central. Como parte de estos esfuerzos, se codificó en un solo estatuto todas aquellas disposiciones relacionadas a las contribuciones sobre la propiedad, tanto mueble como inmueble. Este nuevo estatuto estaría contemplado en la Ley 83 de 30 de agosto de 1991, la cual también forma parte fundamental de la Reforma. El CRIM, como recaudador y custodio de los ingresos, luego distribuye los ingresos por concepto de propiedad entre los municipios.

La independencia del CRIM es un elemento de absoluta importancia en cuanto a las aspiraciones de autonomía municipal. Estas funciones se encontraban centralizadas, por lo que los responsables de estas materias no respondían a los Alcaldes ni a la ciudadanía. Ahora son los propios Alcaldes los que determinan la política pública a seguir, respondiendo así de una manera más justa a las necesidades de los municipios. Tanto la Ley de Contribuciones Municipales como el CRIM, son la concertación de la máxima de otorgarle a los municipios el poder fiscal necesario para recaudar y distribuir los ingresos municipales. Esta máxima no se verá cumplida a cabalidad sino hasta que cada municipio asuma de manera independiente las facultades expuestas.

La situación actual

Analizar la situación actual de nuestros municipios, es un ejercicio plagado de dificultades. Es de conocimiento público y ha sido objeto de gran discusión, la falta de datos actualizados y fiables con respecto a las finanzas, no solo de nuestros municipios, sino del país. La falta de estados financieros auditados, así como la escasa información disponible, no permite análisis definitivos con respecto a las condiciones fiscales. No son pocos los municipios que han enfrentado señalamientos sobre la falta de información, a lo que debemos añadir la cada vez mayor sensación de que la información disponible no solo no se encuentra actualizada, sino que también se encuentra incompleta.

A esto le debemos sumar las veloces transformaciones con respecto a las fuentes de ingresos, los entes reguladores, las propuestas de reestructuración, los proyectos de Ley que pretenden atender la crisis fiscal, muchos de ellos a costa de los municipios. Nos encontramos en medio de tiempos de grandes cambios, por lo que resulta arriesgado plasmar en un libro la información existente al momento, por el riesgo de quedar caduca cuando la tinta de las páginas aun no ha secado.

No obstante lo anterior, es posible realizar una radiografía general sobre nuestros municipios, a más de veinticinco años de la Reforma Municipal[42].

Ingresos

Una de las premisas más importantes de la Reforma Municipal, es el supuesto de que la mayoría de los recursos fiscales deberían provenir de fuentes propias de los municipios. Sin embargo, aún es extremadamente alta la dependencia de una gran parte de los municipios de los fondos asignados por el gobierno estatal y transferencias federales. La autonomía está directamente relacionada a la capacidad fiscal. Las fuentes actuales de los ingresos de los municipios, dan cuenta de la importancia de revisar las mismas, a los fines de procurar verdadera autonomía y reducir dramáticamente la dependencia.

De acuerdo con el Plan Fiscal del Gobierno de Puerto Rico[43], los municipios en Puerto Rico reciben asignaciones del fondo general del Estado, ascendentes a la cantidad aproximada de 350 millones de dólares. El mismo documento sostiene como iniciativa, la eliminación de estas transferencias, "mientras se proporciona a los municipios un régimen moderno de impuestos sobre propiedad inmueble para acabar con el déficit presupuestario".

De otra parte, una cantidad considerable de los recursos económicos de nuestros municipios provienen principalmente de dos fuentes: las patentes municipales y la contribución sobre la propiedad. Ambas fuentes dependen de las variaciones del mercado, la actividad comercial, la población (que coninúa mermando) entre otras variables. El restante porcentaje de ingresos se encuentra relacionado al Impuesto de Ventas y Uso, arbitrios de construcción, transferencias federales, asignaciones estatales (como ya se ha discutido), entre otros.

Durante los primeros meses de 2017, algunos municipios comenzaron a obtener nuevos ingresos por concepto de cobro de recogido de basura y también por las multas generadas a causa de estas iniciativas[44]. Ante la grave situación fiscal, se discuten actualmente un sinnúmero de alternativas posibles, sin que exista al momento un concenso sobre las mejores medidas a considerar.

De acuerdo a un informe encomendado por el Colegio de Contadores Públicos Autorizados de Puerto Rico[45], las fuentes de ingreso de los municipios en Puerto Rico pueden identificarse de la siguiente manera[46]: Subvenciones y fondos estatales y federales (37.3%), Ingresos sobre la propiedad (29.3%), Impuesto Ventas y Uso (9.2%) y otros -cargos por servicios, dividendos, alquileres. Multas, etc.- (24.1%). Sin embargo, estos datos pueden variar de manera constante. Por ejemplo, el último informe del Centro de Integridad en Política Pública ha establecido que la dependencia de los municipios sobre los fondos estatales y federales sobrepasa el 40% de la totalidad de los ingresos municipales. Ello demuestra la incapacidad del Estado durante los últimos 25 años para proveer las herramientas que necesitan los municipios para un desarrollo real y sostenible, así como la urgente necesidad de repensar nuestra estructura administrativa, política y económica, para adecuarla a los retos que enfrenta el país.

RELACIÓN DE INGRESOS MUNICIPALES (EN PROMEDIO)[47]

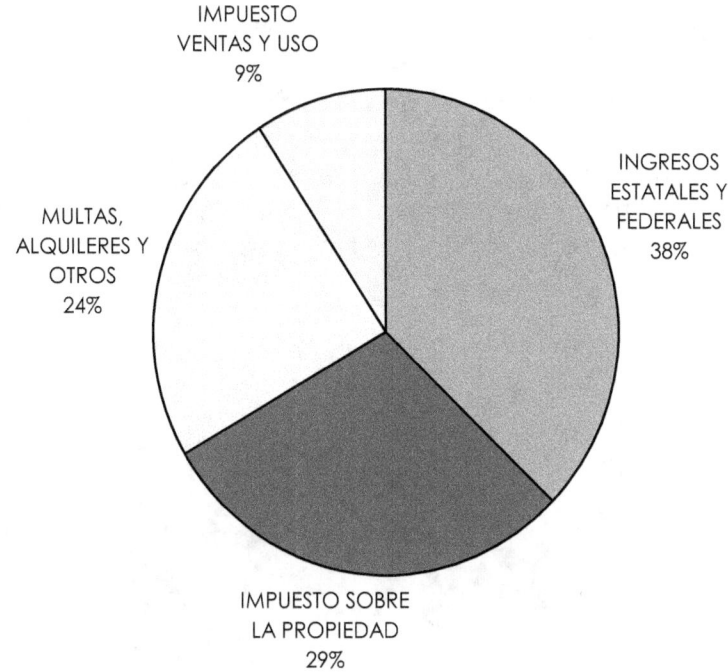

IMPUESTO
VENTAS Y USO
9%

INGRESOS
ESTATALES Y
FEDERALES
38%

MULTAS,
ALQUILERES Y
OTROS
24%

IMPUESTO SOBRE
LA PROPIEDAD
29%

Egresos

Con respecto a los egresos, un análisis realizado en 2014 reveló que los municipios invierten o gastan sus recursos económicos en elementos tales como funcionamiento general, obras públicas, recreación, educación y cultura, seguridad, pago de deuda, entre otros. Un porcentaje extraordinario se destina a pagar gastos relacionados con nómina.

En este renglón, algunos municipios funcionan con nóminas que consumen entre el 60 y el 70 porciento del presupuesto, quedando tan solo entre un 30 y 40 por ciento para cubrir las necesidades y obligaciones restantes. El estudio del CCPA antes citado, establece que más del 28%

del presupuesto en los municipios (en promedio) se destina a gastos administrativos. Otro 12% (en promedio) se destina al pago de deuda. Algunos municipios destinan más del 50% a gastos administrativos y casi 20% al pago de la deuda. Estos y otros datos dependerán en gran medida a las bases económicas de los municipios, lo que hay que estudiar detallada e individualmente. Los porcentajes basados en promedios y medianas son muy distintos, por ejemplo, en Guaynabo que en Culebra. Sin embargo, los datos disponibles ofrecen un panorama claro sobre las prioridades actuales de nuestros administradores.

RELACIÓN DE GASTOS MUNICIPALES (EN PROMEDIO)[48]

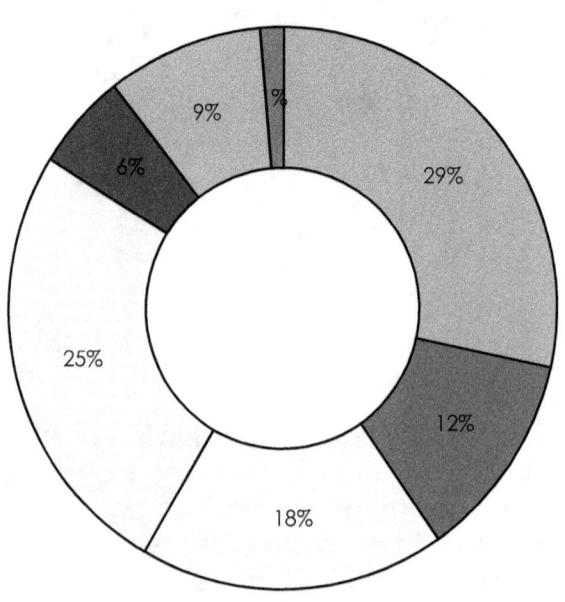

☐ GASTOS ADMINISTRATIVOS
▣ SERVICIO DEUDA
☐ SALUD, SANIDAD, BIENESTAR SOCIAL
☐ OBRAS PÚBLICAS
■ SEGURIDAD
▣ CULTURA, EDUCACIÓN, RECREACIÓN
■ OTROS

Déficits municipales

No obstante el mandato de Ley en el sentido de que los Municipios cuenten con presupuestos balanceados (es decir, un balance entre los ingresos y los gastos), gran cantidad de nuestros municipios experimentan déficits presupuestarios, a causa de que los gastos son mayores que los ingresos. El superávit o déficit presupuestario refleja la capacidad de los municipios para captar los ingresos necesarios para cubrir sus gastos y refleja la estabilidad (o inestabilidad) de los flujos de caja municipales. Hay, por lo menos, dos formas de observar la existencia de déficits: la primera, analizando cada año fiscal en sí mismo. La segunda, observando el déficit acululado.

Al publicarse la primera edición de este trabajo señalamos que, para el año fiscal 2014, más de la mitad de los municipios en Puerto Rico arrastraban déficits presupuestarios. También quedó establecido que más de la mitad de los municipios también han estado funcionando durante uno o varios años con una insuficiencia de fondos, gastando más dinero de aquél que ingresa al fisco municipal. De la información disponible se desprendía que, al hacer un estudio sobre las actividades financieras de los municipios, el 49% de estos estaban generando mayores gastos que ingresos, durante el año fiscal anterior a la presente publicación. Esto, tanto en municipios con déficits como en algunos que no. La inferencia hecha entonces fue que al culminar el año fiscal el saldo presupuestario sería negativo, cerrando con nuevos déficits tanto en municipios con salud fiscal como en municipios con precaria condición presupuestaria.

En efecto, en junio de 2017 el Centro de Integridad en Política Pública, publicó el nuevo Índice Municipal de Salud Fiscal. Este importante trabajo, fruto de los esfuerzos conjuntos de organizaciones no gubernamentales y también gubernamentales, concluyó que el 62% de los municipios culminaron con un exceso de gastos por sobre sus ingresos[49]. Es decir, que el 62% de los municipios opera actualmente deficitariamente. En 2015, el número era 51%; y en el 2014 era de 45%.

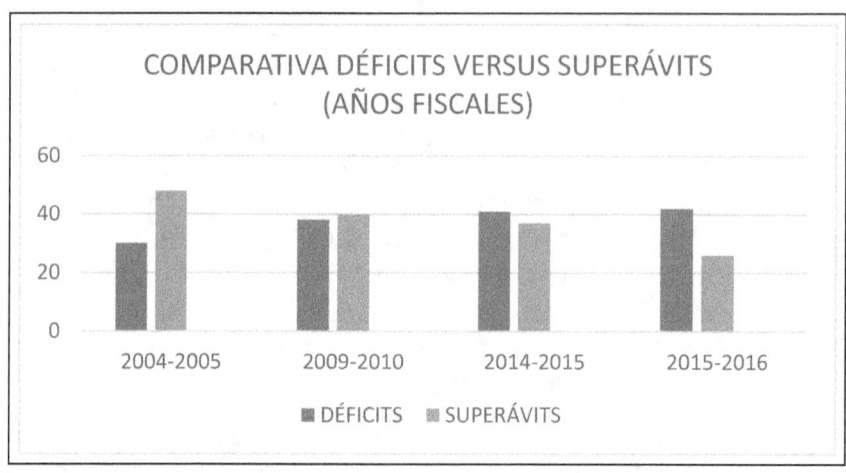

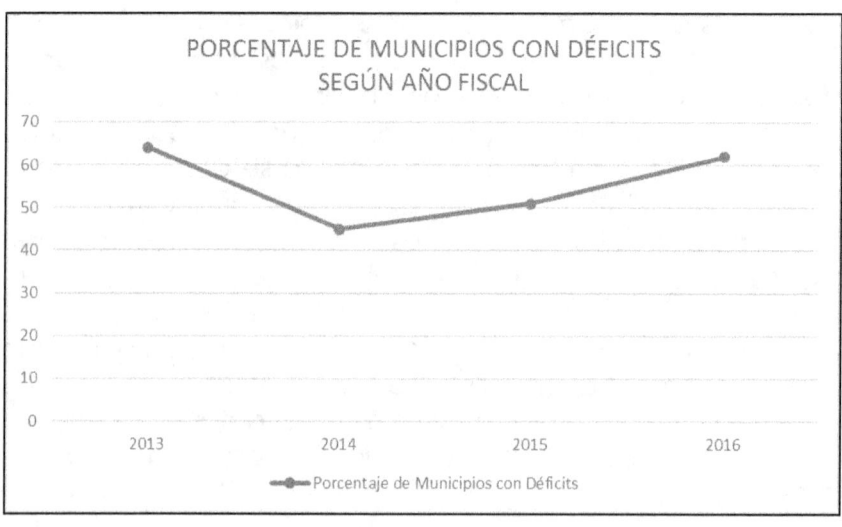

Un déficit presupuestario describe el resultado de que los gastos sean mayores que los ingresos en un determinado período de tiempo. El aparato gubernamental y fiscal de los municipios funciona en periodos de un año, que inicia al 1 de julio de un año y culmina al 30 de junio del año siguiente.

Independientemente de los cobros y los pagos efectuados, el criterio para determinar la existencia de un déficit se concentra en las obligaciones contraídas.

Los déficits fiscales tienen varias consecuencias. En primer lugar, cualquier ahorro que pudiera ser canalizado hacia la inversión productiva pasaría a financiar el déficit. Es decir, que pudiendo ser utilizado para inversiones de futuro, el dinero ahorrado pasaría a ser utilizado para gastos del pasado. En segundo lugar, afecta directamente la capacidad del municipio para obtener préstamos u obtenerlos a tasas de interés adecuadas. Esto implica dos cosas: primero, que el municipio vería limitados sus recursos para hacer obra o, segundo, que en caso de obtener financiación, el saldo de la misma sería más caro de lo adecuado.

En tercer lugar están los servicios a la ciudadanía o a los empleados municipales. Eventualmente estos se verían afectados dado que la acumulación de obligaciones pasadas, afectará la capacidad de cumplir con obligaciones futuras. Cuando un gobierno intenta solucionar un déficit, recurre a políticas restrictivas: reducción de gastos, aumento de impuestos, entre otras medidas que afectan directamente a empleados municipales y ciudadanos en general.

Uno de los objetivos de sana administración al que debe aspirar cualquier Alcalde, es precisamente el objetivo de déficit cero. Una organización, pública o no, que genere más gastos que ingresos es una que no podrá cumplir eventualmente con sus deberes, obligaciones o responsabilidades. Es por ello que un principio básico de contabilidad establece la necesidad de que las organizaciones, como lo son los municipios, funcionen en base a presupuestos balanceados, en los que los gastos sean proporcionales a los ingresos.

Para el año 2014-15[50], 41 municipios reflejaban operar en déficit, mientras que 37 reflejaban operar con superávit. Sin embargo, como ya ha sido discutido, al culminar el año fiscal 2016, la cifra de déficits municipales vió un nuevo incremento, retrocediendo a las condiciones de los peores años fiscales.

COMPARATIVA MUNICIPIOS CON DÉFICIT VERSUS MUNICIPIOS CON SUPERÁVIT[51]

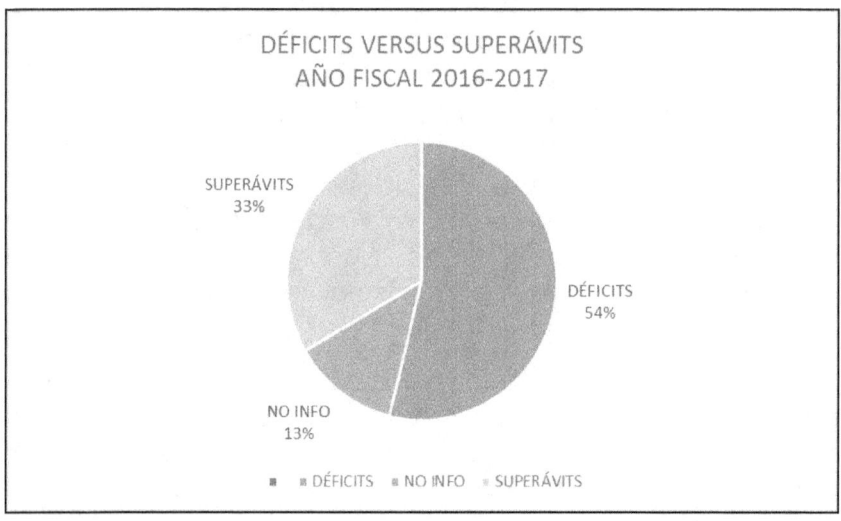

Deuda pública municipal

La deuda pública se compone de aquellas obligaciones en forma de bonos y pagarés del Estado Libre Asociado como gobierno estatal, las corporaciones públicas y los municipios. Para el Estado, la deuda municipal tiene gran relevancia. La relación entre deuda y Producto Interno Bruto (PIB) es un indicador que contribuye a determinar la fortaleza económica. Mientras mayor sea la deuda, peor es el margen que tiene el país para desarrollar infraestructura o hacer mejoras capitales.

Para el año 2013, la deuda de los municipios con el Banco Gubernamental de Fomento ascendía a más de dos mil millones de dólares. A esto se suma la Autoridad para Financiamiento Municipal, creada en virtud de la Ley de Financiamiento Municipal de 1996, y cuya deuda se eleva a alrededor de ochocientos noventa y cinco millones de dólares adicionales. Otros setecientos treinta millones de dólares eran adeudados a la banca privada para la misma fecha. Es decir, que hace apenas unos años, la deuda consolidada de los municipios en Puerto Rico ascendió a más de tres mil setecientos millones de dólares[52].

Al finalizar el año fiscal 2014-2015, cada uno de los habitantes de Puerto Rico tenía una deuda aproximada de entre 1,000 y 1,500 dólares[53] únicamente por concepto de la deuda consolidada de los municipios, tan solo con los acreedores arriba mencionados. Al fin y al cabo, los Municipios son entidades gubernamentales, por lo que su funcionamiento es sufragado por los ciudadanos mediante una serie de impuestos, tales como el Impuesto a la Propiedad, el Impuesto a la Ventas y Uso, etcétera. Cada centavo adeudado por los Municipios, sin importar con qué entidad financiera sea la deuda, el dinero para pagarla saldrá irremediablemente del bolsillo de los ciudadanos.

No obstante, al analizar la deuda a largo plazo, la cantidad adeudada per cápita se multiplica hasta alcanzar la absurda cifra de aproximadamente $88,534.00 por habitante. Esta es la conclusión a la que llega el Centro de Integridad en Política Pública, una vez analizadas las finanzas municipales para el periodo 2014-2015. En el informe publicado por el IIPP en julio de 2017, se observa que al finalizar el pasado año fiscal la deuda de los municipios (a largo plazo) aumentó en por lo menos 800 millones de dólares.

El asunto de las deudas municipales ha sido tema de gran discusión, sobre todo en las jurisdicciones norteamericanas. Por ejemplo, hay quien sostiene que las obras y acciones municipales deben ser costeadas exclusivamente a través de impuestos, suprimiéndose los empréstitos (con excepción de situaciones de emergencia). El primer argumento a favor de este sistema, es que se hace costo efectivo, pues se evita multiplicar el costo de la financiación. Pero, por otro lado, se impide que los impuestos sean uniformes , pues las mejoras no se necesitan de manera uniforme. Esto, además de que las obras necesarias se retrasan.

Sea cual sea la postura sobre la forma en que deben allegarse los fondos, lo cierto es que los municipios en Puerto Rico han sufrido lo que Macdonald llama "una cierta inclinación a gastar mucho más de lo que en realidad pueden"[54].

El acceso a la financiación

La financiación y el acceso de nuestros municipios a los mercados de bonos, entre otros, es uno de los temas de mayor preocupación ante los eventos que se han sucedido durante los últimos años en Puerto Rico. Durante décadas, los municipios han accedido a fuentes de financiación, principalmente a través de estatutos aprobados a estos efectos por la Asamblea Legislativa.

Por ejemplo, el 30 de junio de 1972, el Gobernador Ferré firmó la Ley Núm. 29, creando así la Agencia de Financiamiento Municipal. La nueva corporación pública tuvo como propósito el autorizar a los municipios de Puerto Rico a acceder a los mercados de capital de manera que pudieran financiar sus programas de mejoras públicas con mayor eficacia. Dicha agencia, tiene la facultad de emitir bonos, asegurados por una contribución especial sobre el valor de toda propiedad sujeta a contribuciones en cada municipio. Además, realizar pagos por las respectivas cuentas para el servicio de los bonos, los fondos operacionales o las cuentas de reserva de cualquier contrato de fideicomiso bajo el cual se emiten bonos de la Agencia. También financia pagarés en anticipación de bonos hasta entonces emitidos por la agencia, generando fondos para la compra de bonos y pagarés municipales de obligación general, entre otras facultades.

Los bonos municipales son bonos o pagarés de obligación general, asegurados por una contribución especial sobre el valor de toda propiedad sujeta a contribuciones dentro de los límites geográficos de los municipios. De esta forma, tanto la buena fe, como el crédito y la facultad para imponer impuestos sin limitación de cada municipio emisor, están comprometidos para el pago de los bonos del municipio.

En 1972, el Gobernador Ferré Aguayo creó la Agencia de Financiamiento Municipal, con el propósito de autorizar a los municipios a acceder a los mercados de capital. Por su parte, en 1996, el Gobernador Rosselló González revisó e incorporó en un sólo estatuto las disposiciones de leyes correspondientes a las finanzas y los impuestos municipales

Más tarde, en 1996, el Gobernador Rosselló González firmó la Ley 64. Esta Ley revisó e incorporó en un sólo estatuto las disposiciones de leyes correspondientes a las finanzas y los impuestos municipales, además de que se hacía necesario agilizar y reducir los procedimientos para la emisión de obligaciones municipales. De estos trámites se encargaría el Banco Gubernamental de Fomento, cuya situación fiscal provocó que el Gobernador García Padilla firmara la Ley 21-2016, conocida como Ley de Moratoria de Emergencia y Rehabilitación Financiera de Puerto Rico. A su vez, este estatuto sentó base para crear la Autoridad de Asesoría Financiera y Agencia Fiscal, la cual asumió las funciones del Banco.

El 2014, la Asamblea Legislativa aprobó la Ley 19, conocida como Ley de la Corporación de Financiamiento Municipal. La misma estableció en dicha corporación la facultad para emitir y/o utilizar otros mecanismos para pagar o refinanciar la deuda contraída por los Municipios, cuyo pago de principal e interés está respaldado por el impuesto sobre ventas y uso municipal. También estableció que los primeros recaudos del impuesto sobre ventas y uso municipal serían cobrados por los municipios y depositados directamente al Fondo de Redención de la Corporación de Financiamiento Municipal. Igualmente estableció que los bonos y obligaciones emitidos por la Corporación habrían de ser pagaderos y garantizados por la pignoración de lo que fuera mayor de una cantidad fija de los recaudos del impuesto de ventas y uso municipal o la cantidad del impuesto de ventas y uso municipal correspondiente a una tasa fija del impuesto de cero punto tres por ciento recaudado durante el año fiscal anterior.

Para que un municipio pueda emitir bonos y pagarés de obligación general, la Ley requiere que dicho municipio tenga suficiente capacidad de pago. Tener capacidad de pago significa que los depósitos y las cantidades anuales por concepto de la Contribución Adicional Especial (fondos CAE), son suficientes para cubrir el servicio de la deuda hasta el vencimiento del término de la deuda de obligación general del municipio, así como la deuda de obligación general adicional propuesta. Los fondos CAE son la fuente principal para el pago de bonos y pagarés.

Por supuesto, las condiciones fiscales del país con respecto a la deuda y el acceso a la financiación, impacta directamente a los municipios. Un informe de la Asamblea Legislativa lo expone así: "A la crisis fiscal que atraviesa el gobierno central se le suma la difícil situación fiscal que están atravesando los municipios. La mayor parte de los municipios operan con déficit ya que sus finanzas están comprometidas y sus activos netos están en negativo lo que ha provocado que no cuenten con la liquidez necesaria para cubrir todos sus gastos".

Esta situación cada día empeora más debido a que gran parte de los ingresos operacionales de los municipios provienen del Fondo General del gobierno central. Asimismo, el agente fiscal de éstos es el BGF que se encuentra en una situación crítica de solvencia económica"[55].

De acuerdo con Macdonald[56], la deuda municipal debe tener cierto límite. "A menos que el Estado intervenga en este asunto, las ciudades tienen una cierta inclinación a gastar mucho más de lo que en realidad pueden", sentencia el autor de *Gobierno y Administración Municipal*. Por tanto, es preciso que las administraciones municipales actúen responsablemente, aplicando principios de prioridad y un buen manejo de presupuesto.

Municipios y población

Todos los estudios demográficos concuerdan en que, durante los últimos años, Puerto Rico ha perdido aproximadamente un 10% de su población[57]. También reflejan que durante los próximos años, este patrón habrá de permanecer y que el mismo habrá de afectar a todos los municipios[58]. El que nuestra población haya envejecido y que la mayor parte de quienes emigran son talentos productivos, son datos de suma importancia para la administración municipal. Estos y otros factores, inciden de manera directa en nuestros municipios, sus políticas, su realidad social y su economía.

De acuerdo con el Instituto de Estadísticas de Puerto Rico, la población había disminuido en un mínimo de 5% en 62 de los 78 municipios, al 1 de julio de 2016[59]. Según el cambio porcentual de los estimados, los municipios en los que hubo un mayor decrecimiento poblacional fueron: Lares, Guánica, Peñuelas, Fajardo, Mayagüez, Las Marías, Yauco, Ponce, Ceiba y San Juan con una reducción de entre 12% y a 13%[60].

Los municipios, prestan servicios en base a su población y su realidad socioeconómica, entre otras variables. De hecho, un informe de progreso presentado por el Comité de Reto Demográfico de la Junta de Planificación de Puerto Rico, alerta sobre la necesidad de desarrollar políticas públicas para atender "los acelerados cambios poblacionales que está experimentando el país"[61].

También los ingresos dependerán directamente de la cantidad de la población, así como de la realidad socioeconómica de la misma. La propia necesidad de que exista todo un aparato gubernamental a nivel municipal, dependerá de la cantidad de habitantes, entre otras variables. Por lo tanto, es un hecho que la demografía afecta directamente a nuestros municipios, desde las perspectivas administrativas, sociales y de desarrollo de políticas públicas.

Durante los últimos años, los municipios en Puerto Rico han perdido miles de millones de dólares en fondos federales, muchos de los cuales se calculan en base a la población. Por ejemplo, en el año 2009, la cantidad de fondos federales recibidos para el desarrollo comunitario en los municipios, fue de 109.8 millones de dólares, mientras que en el año 2013 la cantidad fue de 65.6 millones de dólares, para una merma de aproximadamente 53.5 millones, tan solo en este renglón.

Presupuesto y Contabilidad municipal

Uno de los grandes retos que enfrentan los municipios en Puerto Rico, es la confección y gestión de sus presupuestos. Las administraciones municipales están llamadas cada año a elaborar los presupuestos, en base a dos fundamentos elementales: los ingresos y gastos en los que se enmarcarán los programas de actividades a ser desarrollados durante el año fiscal.

Los presupuestos, por definición, son proyecciones. Esto significa que, al ser confeccionados, debe ejercerse el mayor de los cuidados, de forma tal que no sean sobreestimados los ingresos, ni se contemplen gastos innecesarios. A estos efectos, la Ley de Municipios Autónomos dispone que el proceso de aprobación de los presupuestos, requerirá de dos procesos interdependientes. Por un lado, el poder ejecutivo está llamado a diseñar el proyecto presupuestario, partiendo de bases establecidas por la Oficina del Comisionado de Asuntos Municipales y los datos ofrecidos por dependencias tales como el Centro de Recaudaciones de Ingresos Municipales, el Departamento de Hacienda y las Corporaciones Públicas, entre otros. De otro lado, el poder legislativo está llamado a analizar dicho proyecto, con la potestad de realizar los ajustes necesarios.

Uno de los grandes problemas surge cuando se realizan estimados de ingresos que se alejan de la realidad. Un estudio realizado a diferentes presupuestos municipales, revela que algunos municipios sobreestiman sus ingresos. Por ejemplo, se incluyen en las partidas de ingresos supuestos proyectos de construcción que ni siquiera se encuentran en fases de planificación[62]. Esto tiene como consecuencia una previsión de ingresos por concepto de arbitrios que nunca llegarán a las arcas municipales. El resultado al final del año fiscal, habrá de ser un desbalance negativo entre ingresos y gastos, que pone en riesgo la saud fiscal del ayuntamiento.

A pesar de que las guías establecidas por los organismos responsables de velar por la salud fiscal de los Municipios han sido enfáticos en que los estimados de ingresos deben ser conservadores[63], ésta no ha sido la práctica, provocando presupuestos que, al final del año fiscal, no ven cumplidas sus previsiones.

Un presupuesto irreal tendrá como consecuencia definitiva el desastre administrativo y fiscal. Durante el último año fiscal (por cierto, año electoral)la tendencia general fue la de un aumento en los déficits presupuestarios municipales, probablemente a la práctica de confeccionar presupuestos irreales.

Herramientas disponibles, pero no aprovechadas

La situación actual de nuestros municipios pudiera hacer llegar a la errada conclusión de que no existen herramientas suficientes de las cuales los administradores puedan echar mano. Las hay. La poca o ninguna utilización de las mismas, se convierte también en un reto a superar.

Por ejemplo, el Artículo XVII de la Ley de Municipios Autónomos faculta a los municipios a crear Corporaciones Especiales para el Desarrollo Municipal. Adecuadamente desarrolladas, estas corporaciones pueden servir para impulsar el crecimiento y desarrollo económico de los municipios. Se trata de entidades sin fines de lucro, con existencia y personalidad legal independiente y separada del municipio. Las mismas tienen como propósito, "promover en el municipio cualesquiera actividades, empresas y programas municipales, estatales y federales, dirigidos al desarrollo integral y que redunden en el bienestar general de los habitantes del municipio a través del crecimiento y ampliación de diversas áreas, tales como servicios de tipo social, el desarrollo de terrenos públicos, la vivienda de tipo social, el comercio, la industria, la agricultura, la recreación, la salud, el ambiente, el deporte y la cultura, así como la generación de electricidad de fuentes renovables de energía[64]".

El ejemplo clásico sobre cómo operan estas corporaciones, se da en el Municipio de Aguadilla, para cuyo Alcalde las empresas municipales (nombre con el que se le conoce comúnmente a estas corporaciones especiales) han sido el motor que levantó a su municipio de un déficit de once millones de dólares hace 19 años, transformándolo en un millonario superávit[65]. No obstante, a pesar de los ejemplos de éxito en la materia y, también a pesar de que es una alternativa de desarrollo económico disponible desde la aprobación de la Reforma en 1991, hasta el pasado año solo habían inscritas en el Registro de Corporaciones del Departamento de Estado, un total de 50 corporaciones especiales para el desarrollo municipal, de las cuales solo 18 (36%), estaban activas[66].

No tan solo se trata de que las Corporaciones Especiales son un recurso disponible que no ha sido utilizado por la mayoría de los municipios. Se trata también de la forma en que éstas sean puestas en marcha. Algunos municipios construyen alguna atracción y les llaman empresa. Pero la Ley es específica en cuanto a la forma en que una Corporación Especial debe ser establecida y quién habrá de administrarla. Si los gastos operacionales son cubiertos por el municipio, no son Corporaciones Especiales y posiblemente sean una carga económica para la administración[67].

Otra de las herramientas provistas por la Ley de Municipios Autónomas, pero no aprovechada adecuadamente por las administraciones municipales, es la participación ciudadana. Éste es un concepto en el que la gobernanza pasa a manos de las comunidades, empoderando las mismas y responsabilizándolas por su entorno. La ley, dispone que las comunidades (de vecinos y también de comerciantes) se organicen y formen parte de la planificación e incluso la financiación de aquellos proyectos que entiendan necesarios para el desarrollo socio-económico.

Son muchos los ejemplos de países que han comenzado a desarrollar proyectos como éstos, como forma de lograr principalmente dos objetivos, a saber: otorgarle poder a las comunidades, al tiempo que asumen responsabilidad por su realidad, y descargar en algo el peso económico que, en parte, asumen las mismas. Los proyectos de participación real de la ciudadanía en los asuntos gubernamentales es la fuente primera de poder que tiene el pueblo sobre quienes le gobiernan. Tal vez por ello sean tan escasos los ejemplos de administraciones municipales que ponene en efecto este principio.

Algunos municipios han dado pasos en la dirección correcta, pero son tan contadas las experiencias que resulta casi trágico[68]. La cultura política, tantas veces mencionadas en este trabajo, es parte del problema y de la realidad actual de nuestros municipios. Empoderar las comunidades y los ciudadanos, es un paso indispensable para superar las condiciones actuales y comenzar a construir un mejor porvenir en términos políticos y administrativos.

Capital humano, reflejo de la cultura política municipal

Existen estudios que demuestran la falta de planes estratégicos con respecto a la fuerza trabajadora de nuestros municipios. Ciertamente, los empleados municipales son el más importante activo de las administraciones en cada uno de los municipios. Sin embargo, los criterios que se siguen a la hora de reclutar, seleccionar y capacitar el personal, no responden a los mejores intereses del municipio, así como tampoco a los principios básicos de las ciencias de administración de personal.

De acuerdo a los datos recopilados para este estudio, uno de los grandes problemas con que se encuentran las administraciones municipales es que una inmensa parte de los ingresos que reciben se encuentran comprometidos en nómina. Sin embargo, el capital humano municipal no está siendo adecuadamente gerenciado. Existe poca o ninguna utilización de las herramientas disponibles a través de la Psicología de Personal; los aspectos de carácter estrictamente político y electoral son los criterios fundamentales del reclutamiento; y existen otras consideraciones no relacionadas a la relación entre puesto y competencias.

De otra parte, la práctica de muchos municipios de convertise en fuente de empleo como medida de control político o social, ha desembocado también en la incapacidad para desarrollar y establecer planes y políticas públicas, pues no pueden comprometer los ingresos hasta cumplir con los gastos de nómina y algunos relacionados.

No solo planes y políticas públicas, sino que incluso existen municipios que retienen las partidas destinadas a recursos humanos tales como las aportaciones a sistemas como el de Retiro, a causa de la falta de recursos suficientes.

Si a todo esto le sumamos la falta de adiestramientos, capacitación en el puesto de trabajo y motivación adecuada, el resultado de la gestión de los recursos humanos en los municipios de Puerto Rico es, cuando menos, cuestionable. En la sección sobre el Futuro, este trabajo incluye propuestas para mejorar la gerencia del capital humano.

La Junta de Control Fiscal

El 30 de junio de 2016, el Presidente de los Estados Unidos, Barack Obama, firmó el Proyecto del Senado 2328, dando paso a la Ley para la Supervisión, Administración y Estabilidad Económica para Puerto Rico (PROMESA, por sus siglas en inglés). Esta medida extraordinaria, es consecuencia de una serie de procesos que se han sucedido durante los últimos años, los cuales van a la médula del tipo de relación política existente entre Puerto Rico y los Estados Unidos. Es un tema de gran trascendencia, por sus repercusiones políticas, económicas y sociales. Sin embargo, a pesar de la urgente necesidad de analizar el estatuto en todas sus dimensiones, con respecto a este trabajo, es preciso delimitar la discusión a las implicaciones que tiene la nueva ley sobre la administración municipal puertorriqueña.

Desde mucho antes de aprobarse PROMESA, no fueron pocas las voces que expresaron inquietud sobre las posibles consecuencias que el estatuto habría de tener en los municipios de Puerto Rico. Por ejemplo, el 8 de abril la Legislatura Municipal de la Ciudad Capital, aprobó la Resolución Núm 81 (Serie 2015-2016), para manifestar el repudio "a cualquier junta de control fiscal o gubernamental impuesta por los Estados Unidos de América"[69]. Entre las razones que se exponen para el rechazo a la junta, se encuentra el que "cualquier acción que se tome de control fiscal o gubernamental puede afectar de manera dramática" al Municipio y a los ciudadanos.

La prensa nacional y regional recoge, además, planteamientos de una serie de Alcaldes, funcionarios y exfuncionarios, exponiendo su preocupación ante la Junta de Control Fiscal y sus posibles repercusiones[70]. Entre estas repercusiones se encuentran la distribución del porcentaje que reciben los municipios de las rentas netas del Estado, las asignaciones presupuestarias provenientes de fondos especiales o del Fondo General, entre otras. Como ya ha sido expuesto anteriormente, el Estado aporta a los municipios una cantidad extraordinaria de fondos para cubrir diferentes programas y necesidades, así como ejerce como agente fiscal y financiero. El poder de la Junta de Control Fiscal sobre el gobierno de Puerto Rico, es extraordinario e incluye la facultad de decidir cómo se utilizan los recursos económicos del país, incluso sobre sus estructuras, incluyendo los gobiernos municipales.

Si alguna duda quedaba sobre ello, baste con observar a grandes rasgos el proceso de aprobación del Presupuesto del Gobierno de Puerto Rico para el año fiscal 2017-2018. Un proceso que puso de manifiesto los poderes de la Junta de Control Fiscal sobre el gobierno de Puerto Rico y que ha tenido fuertes repercusiones sobre la administración municipal puertorriqueña. La primera de ellas, la eliminación de 350 millones de dólares en subsidios y transferencias del Gobierno Central a los municipios.

Este extraordinario recorte forma parte del Plan Fiscal sometido por el Gobierno a la Junta de Control Fiscal, pero no es el único golpe recibido por los municipios. Tal como lo expresa el Informe de Análisis de Ingresos y Deuda Pública de la Ciudad Capital (para el año fiscal 2017-2018), también se han legislado "recortes presupuestarios, nuevos impuestos y medidas que afectaron los ingresos de los municipios, retrasando el pago o dejando de pagarles la Contribución Adicional Especial (CAE), las remesas del

Centro de Recaudación de Ingresos Municipales (CRIM) y el reembolso de la Tarjeta de Salud, que se depositan en el BGF"[71].

Tal como lo advirtió hace más de un año el ex Alcalde de Ponce, Francisco Zayas Seijo, los cambios en las prácticas del BGF y otras medidas implementadas por la Junta de Control Fiscal dejaron al descubierto la incapacidad que tienen muchas alcaldías de operar sin ser subvencionadas por el gobierno central. Posiblemente esta sea una de las repercusiones del establecimiento de la Junta, que mejor podemos utilizar para analizar nuestro presente y mejorar nuestras posibilidades futuras.

Sin embargo, para algunos expertos en economía, tal vez no todos se han tomado en serio lo que significa PROMESA y la Junta de Supervisión Fiscal. Por ejemplo, el 3 de julio de 2017, Gustavo Vélez escribió, refiriéndose a PROMESA: "¿Hemos aprendido algo? Doce meses después de la aprobación del estatuto que alteró para siempre la relación política y económica entre el ELA y el gobierno federal, hay una percepción generalizada de que todo sigue igual. La clase gobernante y política sigue apegada al viejo modelo de gobierno, fundamentada en el gasto y la indisciplina fiscal. Los partidos políticos se reafirman en su incapacidad de habilitar una nueva gobernanza, que les permita gerenciar de manera efectiva, el proceso de saneamiento fiscal que promueve PROMESA. Aún continúa el 'tiroteo' político y las mismas conductas que provocaron la actual crisis".

Nadie conoce a ciencia cierta hasta cuándo la Junta de Control Fiscal ejercerá el poder en Puerto Rico. Eso dependerá en gran parte de nosotros. Lo que es incuestionable son las repercusiones de la ley federal y el andamiaje político-administrativo existente hoy en Puerto Rico, sobre toda la estructura gubernamental; especialmente sobre los municipios. Esto no quiere decir, por supuesto, que los problemas que enfrentan o puedan enfrentar (y que ciertamente enfrentarán) los municipios son consecuencia de la Junta. Pero las exigencias del organismo federal al Gobierno de Puerto Rico para lograr el pago de la inmensa deuda pública, han tenido como víctima a la estructura más cercana al pueblo.

Resumen

La autonomía municipal es una de las más altas y genuinas aspiraciones, porque de ella depende en gran medida el desarrollo de los valores democráticos de nuestra sociedad. Por ello se dieron los esfuerzos de algunos de los miembros de nuestra Asamblea Constituyente, para garantizar en nuestra Constitución los poderes políticos que mejor pudieran servir a la construcción de una democracia mucho más fuerte y representativa. Subsanar el vacío de poder político en nuestro más importante documento, es una tarea aún pendiente, que le permitirá a la administración municipal puertorriqueña redimensionarse y servirle mejor al país.

Cada una de las gestas durante la segunda mitad del Siglo XX, relacionadas a nuestro ordenamiento político-administrativo municipal, fueron dirigidas a mejorar la experiencia de la gobernanza. Sin lugar a dudas, la Reforma Municipal de 1991 es el paso de avance más significativo e importante en esta dirección.

Sin embargo, los datos reflejan que aún nuestros municipios no se encuentran en la posición a la que debemos aspirar. Los déficits municipales, la extraordinaria deuda que arrastran los gobiernos locales, la falta de participación directa de nuestra ciudadanía (aún cuando existen los elementos para potenciarla), las herramientas no aprovechadas y la cultura política existente, son tan solo algunos de los aspectos que debemos atender y resolver.

Hoy, los municipios de Puerto Rico tienen herramientas con las que probablemente no soñaban muchos de los que dirigieron las administraciones municipales antes de finales del Siglo XX. Potenciarlas, aprovecharlas, desarrollarlas, es una tarea indelegable e impostergable, para hacer posible una mejor administración pública municipal.

La nueva realidad político-administrativa surgida a raíz de PROMESA, ha tenido un doble impacto sobre nuestra administración municipal. Por un lado, ha puesto de manifiesto la inaceptable dependencia de los municipios con respecto al gobierno central y federal. Los municipios sufrieron un golpe extraordinario con el Plan Fiscal, no a causa de PROMESA y el plan en sí mismo, sino porque la estructura política y fiscal se encuentra mal fundamentada. Pero por otro lado, esta realidad no tiene por qué interpretarse de forma negativa. PROMESA puso frente a nuestros municipios un inmenso espejo. Si el reflejo no agrada, no basta con lamentarse por ello, sino que es un ejercicio para identificar errores subsanables y oportunidades.

Todos los estudios consultados, sin importar su metodología o fuente, coinciden en que las condiciones fiscales y administrativas de los municipios en Puerto Rico hoy se encuentran en peor estado que hace un año. Las previsiones sobre el futuro próximo no son halagadoras. Al día de hoy, los municipios han perdido fuentes de ingreso y determinadas ayudas del Estado. Los servicios a la ciudadanía se han visto comprometidos. La gerencia de los recursos humanos, en términos generales, es cuestionable. Pero por sobre todo ello, es la conclusión de éste trabajo que hoy los municipios en Puerto Rico tienen menos poder que hace un año.

Como ha sido establecido, podemos quedarnos observando lo negativo o podemos utilizar los datos a nuestro favor y crecer. De eso trata la próxima parte.

TERCERA PARTE: FUTURO

El futuro tiene muchos nombres.
Para los débiles, es lo inalcanzable.
Para los temerosos, lo desconocido.
Para los valientes, es la oportunidad.

Víctor Hugo

Existe un medio inequívoco para conocer el futuro: planificarlo. Planificarlo adecuadamente. Conocidas las herramientas que hemos tenido y tenemos a la mano, se hace necesario un ejercicio de planificación que le permita a los municipios puertorriqueños afrontar el porvenir en un mundo cada vez más complicado.

Tan temprano como en 1994, tres años después de aprobada la Reforma Municipal, Roberto Sánchez Vilella sentenciaba que "la idea de descentralizar es favorable, pero habría que asegurarse que la administración municipal está en condiciones de aceptar esa responsabilidad para lograr una mayor eficiencia"[72]. Asegurarse de que la administración municipal está en condiciones, es precisamente la aspiración de las páginas que siguen. El presente Capítulo recopila una serie de propuestas, basadas en un principio básico del desarrollo organizacional: la planificación estratégica. Ésta, es una herramienta más que necesaria, indispensable, para alcanzar los niveles de eficacia que requiere la administración municipal puertorriqueña en el Siglo XXI.

Muchas de las grandes preocupaciones que existen hoy con respecto a nuestros municipios, eran las mismas que se discutían a finales de la década de los ochenta, durante la década de los setenta, a finales de los cincuenta y así, sucesivamente, a lo largo de la línea del tiempo. Por ejemplo, la financiación de déficits operacionales mediante préstamos, adelantos o asignaciones del fondo general del Estado, o el reclutamiento de personal en exceso del requerido, o la insuficiencia de fuentes de ingreso, son temas recurrentes en las discusiones a través de las décadas. Si bien es cierto que los problemas y las preocupaciones sociales son de carácter recurrente y cíclico, también es cierto que una planificación adecuada puede ayudar a reducir gradualmente cualquier problemática o situación. Es posible que la mayor parte de los problemas que enfrentan los municipios estén precisamente relacionados a la falta de planes estratégicos adecuados.

La planificación es uno de los fundamentos de la reforma del '91. Estudiosos del asunto municipal, como Santana Rabell y Corrada, establecen en la planificación el elemento esencial para una adecuada administración municipal. Planificación, en todas las esferas y dimensiones: desde la administrativa, hasta la económica. Desde el establecimiento de las políticas públicas, hasta la reconceptualización de la participación del ciudadano en los procesos de gobernanza.

En su extraordinario trabajo "Si los Alcaldes gobernaran el mundo", Benjamin Barber nos invita a cambiar la perspectiva desde la cual observamos e interactuamos con el mundo. "Dejemos de hablar de naciones, de estados con fronteras, y comencemos a hablar de ciudades. Porque creo que si hablamos de ciudades, descubrirán que hablamos de las instituciones políticas en las que nacieron la civilización y la cultura. Hablamos de la cuna de la democracia"", nos dice.

Los pasos para garantizar una gobernanza adecuada y eficaz en el futuro (y mientras más inmediato sea ese futuro mejor), deben estar centrados en nuestros municipios. No en nuestros Alcaldes, sino en nuestros municipios. Algunos pueden confundir el otorgarle mayor poder a los municipios con otorgarle más poder a los Alcaldes. No es la intención de esta trabajo promover tal idea. Tal como lo expresa Barber en su trabajo, los Alcaldes vienen y van, pero las ciudades quedan. Por lo tanto, el empoderamiento debe ser de la institución y no de quienes le dirigen. Ampliar los espacios de acción de los municipios como instituciones básicas de nuestra democracia.

El paso fundamental debe ser, pues, la reestructuración de la administración pública, a los fines de dotar a los municipios de todas las herramientas que permitan, no solo su desarrollo, sino el desarrollo del país por medio de ellos. A lo largo de tantos años de estudio sobre el asunto municipal, no he encontrado a nadie que no concuerde con la necesidad de otorgar mayores poderes a los municipios, o por lo menos en la necesidad de una reestructuración o reorganización. Los detalles sobre cómo proceder, varían de acuerdo al propulsor de la idea. Pero es prácticamente unánime la convicción de que se hace necesaria la reestructuración política. Esta reestructuración, por supuesto, debe incluir primordialmente los asuntos de carácter fiscal. Sin verdadero poder de carácter fiscal, la autonomía no es más que dulce utopía.

Esta parte de nuestro trabajo, se enfoca, pues, en dos aspectos. En primer lugar, aquellos en materia administrativa y organizacional. Qué cosas pueden hacer hoy nuestros administradores, para alcanzar mejores resultados en la gestión. En segundo lugar, aquellos aspectos relacionados a lo que debemos hacer, como gobierno y como país, para redimensionar la administración pública puertorriqueña, a través de la administración pública municipal.

Planificación estratégica

La Planificación Estratégica es una herramienta que permite fundamentar las decisiones de las organizaciones, tomando en cuenta el entorno y quehacer de un momento dado y transformándolo paulatinamente hacia un nuevo entorno y quehacer futuro. Esto se logra adecuando la organización a los cambios y demandas que les impone el entorno y logrando la mayor eficiencia, eficacia y calidad en los bienes y servicios que se proveen[73]. La Planificación Estratégica, por tanto, consiste en un ejercicio de formulación de objetivos, cuya característica principal es el establecimiento de los cursos de acción (estrategias) para que los mismos sean alcanzados.

En el año 1987, un informe de la Comisión para la Revisión de la Ley Municipal, se refería de la siguiente manera a un aspecto específico de la discusión de los trabajos: "...*Al presente, esta situación no es posible para muchos municipios, porque no tienen una idea de hacia dónde van encaminados*"[74]. Refraseando a Lewis Carroll, cualquier camino es bueno cuando no sabes a dónde vas. Precisamente para evitar tomar cualquier camino, el primer paso para establecer una planificación adecuada, es establecer hacia dónde irán nuestros esfuerzos, para entonces luego transformar las aspiraciones de un tiempo, en la realidad de otro tiempo. Un elemento importante a estos efectos, es que una planificación adecuada no resuelve problemas a corto plazo, sino que más bien se enfoca en el mediano y, sobre todo, el largo plazo.

A través de los datos ofrecidos en la segunda parte de este trabajo, tomamos conciencia de las condiciones en que se encuentran nuestros municipios. Esa radiografía, aunque incompleta a causa de la falta de datos recientes, confiables y firmes, sirve para conocer el entorno y el quehacer actual. Ahora bien, ¿Qué pasos hay que seguir para alcanzar un nuevo entorno y quehacer? Un buen modelo para ello es la gestión orientada a resultados, cuyas características principales son[75]:

o Identificación de objetivos, indicadores y metas que permitan evaluar los resultados, generalmente a través del desarrollo de procesos de planificación estratégica como herramienta para alinear las prioridades a los recursos y establecer la base para el control y evaluación de las metas.

o Identificación de niveles concretos de responsables del logro de las metas.

o Establecimiento de sistemas de control de gestión internos donde quedan definidas las responsabilidades por el cumplimiento de las metas en toda la organización, así como también los procesos de retroalimentación para la toma de decisiones.

o Vinculación del presupuesto institucional a cumplimiento de objetivos.

o Determinación de incentivos, flexibilidad y autonomía en la gestión de acuerdo a compromisos de desempeño.

La Planificación Estratégica requiere de un brazo operacional que le permita desarrollarse adecuadamente: la Planificación Operativa. Ésta trata sobre las metas a corto plazo, que a su vez permitirán hacer operativas las estrategias de la planificación. Entre otros elementos, la Planificación Operativa permite programar las actividades necesarias y estimar el presupuesto necesario para llevar éstas a cabo. En adición, también permite la generación de las metas internas que permitirán alcanzar los objetivos con los recursos y tiempo necesarios. A través del correspondiente análisis y diagnóstico de la situación actual, se hace posible establecer las acciones que se tomarán para alcanzar las metas establecidas. Definir adecuadamente los objetivos estratégicos, los indicadores y las metas, es la base para establecer el marco correcto para la elaboración de la Programación Operativa. A su vez, esta programación sienta la base del proyecto presupuestario, de forma tal que sea posible superar las barreras que tienen los municipios en la actualidad.

Para que la planificación estratégica municipal esté completa, es preciso tener la capacidad de establecer y desarrollar aquellas políticas públicas que permitan encaminar los planes. Poder establecer políticas públicas propias, le permite a los municipios atender de forma particular las problemáticas propias de cada cual. Ciertamente, como ya ha sido establecido, existen problemas de carácter general que se repiten una y otra vez y que son constantes. Pero no necesariamente se presentan de la misma forma en todas las regiones o en todos los municipios. Ni siquiera en todos los barrios, sectores o comunidades. Por lo tanto, los gobiernos municipales deben ser capaces de desarrollar adecuadamente sus políticas públicas.

El proceso de desarrollo de políticas públicas efectivas, así como la efectividad de las mismas, dependerá del tipo de análisis que se haga sobre la problemática a ser tratada. También dependerá de la capacidad que tenga el municipio para implantarla, así como de la facultad en ley para ello. Más adelante se discute la necesidad de otorgar a los municipios de verdaderas herramientas de desarrollo. Existen diferentes modelos sobre los pasos a seguir en el proceso de análisis de políticas públicas.

Presupuestos

Tal como ha sido establecido en la segunda parte de este trabajo, muchos de los grandes problemas que enfrentan nuestros municipios tienen su origen en la mala gestión de sus presupuestos. Los presupuestos municipales deben estar acorde con los planes estratégicos. Para alcanzar los objetivos y metas de éstos, se hace necesario el desarrollo de presupuestos reales, basados en datos y previsiones también reales y alcanzables.

Todo proceso presupuestario, debe ir dirigido a que se vean alcanzados los objetivos y metas del Plan Estratégico, que a su vez dependerá de que se vean realizados los objetivos y metas de los planes operativos. El insumo principal para la elaboración de los planes operativos, es la Planificación Estratégica. Las asignaciones presupuestarias deben surgir de una programación adecuada que refleje la situación estratégica institucional.

MODELO ACEPTADO PARA EL DESARROLLO DE POLÍTICAS PÚBLICAS

CONFIGURACIÓN DE LA AGENDA
Cómo son percibidos y definidos los problemas, cómo son atendidos y cómo pasan a formar parte de la agenda.

FORMULACIÓN DE LA POLÍTICA PÚBLICA
Diseño y eleboración de los objetivos y estrategias. Implica el uso de análisis de las políticas.

LEGITIMACIÓN DE LA POLÍTICA PÚBLICA
Movilización de apoyo político y promulgación. Incluye justificación y racionalización de la acción política.

IMPLEMENTACIÓN DE LA POLÍTICA PÚBLICA
Proveer los recursos institucionales necesarios para poner en vigor los programas

EVALUACIÓN DE LA POLÍTICA PÚBLICA
Medición y evaluación de los efectos de las políticas y programas, incluyendo el éxito y el fracaso.

CAMBIOS NECESARIOS
Modificación de los objetivos y los medios, a la luz de la nueva información o el estudio del entorno político

Se hace preciso, pues, que los presupuestos expresen los planes estratégicos y se traduzcan en planes operativos.

Para ello, cada unidad municipal debe trabajar de manera coordinada con los responsables del proyecto presupuestario, siendo conscientes de las metas que pretenden ser alcanzadas a mediano y largo plazo. Los presupuestos no son otra cosa que la expresión económica de los planes establecidos. Por ello, o más bien, para ello, el escenario ideal es la confección de Presupuestos Base Cero.

El Presupuesto Base Cero es una técnica presupuestaria en la que se realiza una reevaluación periódica de todos los programas, partiendo de cero. De esta forma, se trata de revisar todos los aspectos presupuestarios, sin tener en cuenta sólo las variaciones del ejercicio anterior, como ha sido la norma en nuestros municipios. Hasta ahora, nuestros presupuestos municipales han utilizado la técnica del presupuesto tradicional, también conocido como incrementalista, centrado más en las cifras que en la gestión. Por el contrario, el Presupuesto Base Cero provoca que todas las actividades presupuestarias del municipio sean revisadas detalladamente. Además, pueden considerarse vías alternativas para proporcionar los mismos servicios públicos, identificar nuevas actividades y eliminar aquellas que sean obsoletas o ineficientes[76], introduciendo la revisión anual del proceso presupuestario, de marea obligatoria.

Los Presupuestos Base Cero han sido identificados como una fórmula ideal para salir de una crisis fiscal, de forma eficiente y eficaz, logrando los objetivos al mínimo coste posible. Esto permitirá alcanzar el equilibrio presupuestario a través de lo que se conoce como regla de oro, estrategia presupuestaria y de política fiscal, cuyo objetivo es establecer la premisa de que un Gobierno no pueda gastar más de lo que recaude. De esta forma, se limita el incremento de la deuda pública y se garantiza la sostenibilidad de las finanzas a mediano y largo plazo[77].

Martínez y García señalan los elementos principales del Presupuesto Base Cero:

• Identificación de los objetivos. El punto de partida lo constituye la definición de los objetivos que se quieren alcanzar, tanto en el corto como en el largo plazo.

• Identificación de las unidades de decisión. Están constituidas por las unidades operativas de las actividades consideradas en los presupuestos y que solicitan recursos para el desempeño de sus funciones.

• Preparación de paquetes de decisión. Son aquellos documentos justificativos en los que se expone la necesidad de abordar una determinada actividad, explicitando los objetivos a alcanzar con el desarrollo de la misma, las ventajas que presenta, así como los recursos personales y económicos necesarios.

• Ordenación de los paquetes de decisión. Los paquetes de decisión han de ser ordenados y clasificados a fin de que el gestor los pueda revisar y validar. Este proceso se integra verticalmente a niveles directivos superiores, que seleccionarán los programas prioritarios.

• Revisión final por la alta dirección. El nivel directivo de mayor rango decidirá sobre la idoneidad de su implantación y su correspondiente inclusión en los presupuestos.

Pero, como ya ha sido mencionado, un buen inicio para la gestión presupuestaria es la suspensión de las prácticas que cada año hacen inútiles los procesos de análisis y aprobación presupuestaria. De nada vale lo antes propuesto, si una vez aprobados los presupuestos se mantiene la regla de que los mismos pueden ser enmendados de un plumazo. De nada vale tampoco, si al hacer las estimaciones de ingresos cada alcalde puede hacer un listado irreal de obras "planificadas", con la única intención de incrementar ficticiamente los ingresos municipales. Por tanto, el respeto al trabajo realizado para lograr un presupuesto adecuado, debe comenzar con mejorar los procesos mediante los cuales el presupuesto puede ser confeccionado, revisado y cambiado a lo largo del año fiscal.

Capital humano: un activo fundamental

De acuerdo con la Teoría de la Administración Pública, el gobierno estará en función de cumplir su rol, solo en la medida en que su recurso humano esté preparado para ello. Atrás deben quedar las prácticas de contratación de personal, basadas en criterios que poco, o nada, tienen que ver con las competencias que se requieren de un aspirante a un puesto para ejercerlo. La función pública está determinada por el régimen aplicable al componente humano del aparato gubernamental. El Estado cumple su función mediante aquellas tareas y actividades realizadas por los seres humanos que laboran como servidores públicos, los que se encuentran al servicio de la administración y, a través de esta, al servicio del pueblo.

Como ya ha sido establecido, un Plan Estratégico adecuado debe encaminar a la administración municipal hacia la eficacia. Por ello, es propicio abandonar las viejas nociones sobre administración de recursos humanos y transformarlas hacia el potenciamiento del empleado, como parte del capital con el que cuenta el Municipio. Una exigencia para el desarrollo organizacional de nuestros municipios debe ser contar con un recurso humano bien preparado y capacitado para laborar con eficiencia[78].

El primer paso para ello es empoderar a los empleados municipales, de forma tal que internalicen su función, no solo administrativa, sino social. Un gobierno municipal efectivo comienza con un empleado efectivo, llevando a cabo aquellas tareas que sabe que el pueblo espera y requiere. Para ello, resulta esencial desarrollar en los empleados las competencias necesarias para llevar a cabo su función, lo que incluye capacitarlos en la toma de decisiones que repercuten en un mejor servicio a la ciudadanía. En ocasiones, la solución a un problema o una situación puede estar a la mano de los empleados de primera línea, pero en cambio los procesos son altamente burocráticos y no facilitan el que éste empleado la resuelva con prontitud y diligencia. Esta acción está enfocada en descentralizar la toma de decisiones y permitir que un empleado que brinda servicios al ciudadano sea más efectivo en el servicio.

Para que estrategias como ésta rindan los frutos esperados, es necesario otorgarle a los empleados municipales todas las herramientas posibles, entre las cuales se destaca la capacitación y el adiestramiento de forma continua. Adiestramientos y capacitación dirigida al desarrollo de múltiples destrezas, desde aquellas relacionadas a la interacción y las relaciones interpersonales, hasta aquellas destrezas técnicas que permitirán la profesionalización del recurso humano, para transformarlo en capital.

A esto hay que añadir la necesidad de mejorar la calidad de vida laboral. Algunos piensan que mejorar las condiciones de un empleado está ligado exclusivamente al asunto económico. Sin embargo, son múltiples los estudios que señalan que existen muchos otros criterios que se traducen en una mejor calidad de vida laboral. Ejemplo de ello es la oportunidad de adquirir conocimientos, el reconocimiento de la labor mediante el premio a la calidad, la inclusión de elementos externos a la tarea (por ejemplo, çrear espacios familiares y amigables), técnicas de comunicación efectiva, el respeto y reconocimiento de la diversidad, y el desarrollo de liderazgo efectivo, entre otros.

Como se menciona en la segunda parte de este trabajo, estudios recientes señalan la necesidad de desarrollar técnicas adecuadas para el reclutamiento, selección y capacitación de empleados municipales en Puerto Rico. Resulta altamente aconsejable, que nuestros municipios adquieran el recurso humano adecuado, lejos de consideraciones que no guarden relación con los deberes del puesto. Pero ello no se limita a la contratación futura del recurso humano, sino que es preciso ayudar a los empleados actuales a identificar y desarrollar sus destrezas y habilidades, para que las mismas se conviertan en potenciales recursos para el desarrollo municipal.

Un elemento adicional tiene que ver con la evaluación del desempeño. Evaluar un empleado no puede estar sujeto a los elementos subjetivos del evaluador. La evaluación del desempeño de un empleado ayuda a alcanzar los objetivos y metas trazados en los Planes Estratégicos. No solo ayudan a que el empleado pueda identificar aquellas áreas que debe potenciar para realizar su trabajo, sino que también va acorde con lo estipulado por la Ley en cuanto al principio de mérito[79]. Por tanto, hacer evaluaciones periódicas sobre el desempeño, no solo ayuda al desarrollo organizacional, sino que pone en acción el espíritu de la Ley.

Los programas de incentivos al empleado también han demostrado dar resultados en cuanto a mejorar el cumplimiento de los objetivos y metas organizacionales[80]. Si bien es cierto que medir la productividad en el sector público es un proceso complejo, dado la naturaleza de los servicios que ofrece el gobierno[81], no es menos cierto que existen diversas técnicas y metodologías para medir productividad mediante indicadores de desempeño en el sector público. Estas estrategias están estrechamente relacionadas con los planes estratégicos y los planes operativos, anteriormente discutidos, principalmente en cuanto a la gestión por resultados.

Alcanzar mayores niveles de productividad en el uso de los recursos públicos, es un asunto relevante, no solo para la economía municipal sino también en general. Está claro que la productividad de los empleados públicos es más que un objetivo, un reto organizacional para nuestros municipios, el cual incide de manera global en las expectativas políticas y económicas del país.

Existe una relación directa entre productividad y eficacia en el uso de los recursos públicos. Alcanzar los más altos estándares de calidad en el recurso humano de nuestros municipios, convertir este recurso en capital, desarrollar técnicas constantes de capacitación, evaluaciones periódicas y adecuadas, incentivar los resultados de la gestión pública, son elementos indispensables para una mejor administración municipal.

Tecnología y gobierno abierto

Desde hace algún tiempo, las tecnologías de la información y la comunicación ocupan un lugar relevante en la gestión de las organizaciones. En este contexto, la administración municipal puertorriqueña debe incluir en sus esfuerzos, cada vez en mayor grado, el acceso a las tecnologías que permiten, no sólo agilidad en el funcionamiento interno, sino también una relación más directa con el ciudadano.

La Organización para la Cooperación y el Desarrollo Económico[82] define el Gobierno Electrónico como el uso de las tecnologías de la información y comunicación como una herramienta para alcanzar un mejor gobierno. Por su parte, el Banco Mundial lo define como el uso de tecnologías de información por parte de las agencias gubernamentales que tienen la habilidad de transformar las relaciones entre los ciudadanos y el gobierno. Ambas definiciones nos remiten a un mismo principio: el gobierno está al servicio del ciudadano, por lo que, a mejores herramientas, mejor gobierno, lo que debe repercutir en mejores servicios al pueblo.

Utilizar las tecnologías de la información y la comunicación, no debe limitarse a mejorar los procesos internos de la administración municipal. Eso está bien, pero no es el fin, sino un medio. Un medio a través del cual se agilizan procesos, se eliminan barreras, se transforman y mejoran las políticas; en fin, que las mejoras prácticas son innumerables. Pero siguen siendo un medio, pues el fin del gobierno electrónico y abierto, no es digitalizar, ni modernizar los procesos internos, sino brindar transparencia a los procesos de administración.

Atrás debe quedar toda práctica que impida el acceso a la información, principalmente cuando pretendemos (y debemos) insertar a la ciudadanía en los procesos de toma de decisiones y responsabilidad social. Los gobiernos municipales deben estar abiertos al escrutinio público, no mediante peticiones arcaicas, sino mediante un sistema de información constante por medio de las tecnologías de la información y la comunicación.

No está mal que las administraciones municipales tengan portales en internet y páginas abiertas en las redes sociales. Lo que está mal es que éstas tecnologías se limiten a informar y editorializar, convirtiéndose en meros órganos de propaganda que ni resuelven, ni agilizan, ni ayudan al desarrollo de mejores prácticas de administración.

El gobierno electrónico[83] debe servir, como mínimo, para alcanzar los siguientes objetivos:

- Transparencia y rendición de cuentas. Que sea posible, mediante las herramientas y portales disponibles, acceder a los ingresos y gastos del funcionamiento público, de forma tal que la ciudadanía conozca de dónde provienen los recursos y en qué se invierten los mismos. Rendir cuentas de manera transparente no se trata de ofrecer un mensaje, la mayor de las veces altamente politizado, sino de permitirle al ciudadano conocer en detalle cómo van desarrollándose los procesos de administración.

- Servicios en Línea. Un portal de internet debe ser capaz de permitirle al ciudadano, gestionar trámites gubernamentales. Esto garantiza, por lo menos, tres adelantos. En primer lugar, un sistema automatizado puede garantizar que se la dará prioridad a los servicios en orden de petición, no en orden de relaciones ni conexiones. En segundo lugar, el ciudadano incurre en menos gastos, pues se ahorra tiempo y dinero, no tiene que trasladarse de un punto a otro, ni tiene que hacer filas ni esperas para ser atendido. En tercer lugar, el ciudadano puede hacer la gestión en cualquier momento, desde cualquier lugar, sin verse limitado por horarios ni días laborables. Para lograr los objetivos propuestos, la relación entre la administración municipal y el ciudadano, debe ser interactiva.

- Participación ciudadana. Un sistema adecuado a través de las tecnologías de la información y la comunicación, hace posible consultar y medir la opinión del público sobre temas de interés general. También sirven para tener disponibles buzones de quejas y sugerencias para mejorar los servicios.

Las Tecnologías de la Información y la Comunicación son una herramienta disponible en nuestros siglo, que puede contribuir a reformar los procesos de la gestión pública y vincular a los ciudadanos con la administración. Mediante la tecnología disponible, se hace posible disminuir la burocracia, agilizar los trámites, promover la participación ciudadana, fortalecer la confianza en las instituciones públicas y viabilizar e incrementar la transparencia y la rendición de cuentas[84].

Inclusión de la ciudadanía en las decisiones y responsabilidades

Cuando se trata de los asuntos públicos, existe un principio fundamental tantas veces y nunca suficientemente repetido: la razón de existir del gobierno, es la ciudadanía. Los gobiernos se organizan alrededor de las necesidades de la sociedad y actúan en torno a ellas. Sin embargo, los esfuerzos porque la ciudadanía se involucre directamente en la administración de los asuntos públicos, no necesariamente han dado los frutos esperados. Este es un elemento clave, fundamental, para la administración pública a nivel municipal. Es preciso dedicar todos los esfuerzos necesarios, para que la ciudadanía se involucre y participe[85].

De acuerdo al Banco Latinoamericano para el Desarrollo, una mayor participación de los ciudadanos en la toma de decisiones y en el control de las actividades del sector público debería resultar en una mayor rendición de cuentas, una mejor gestión pública y una respuesta más acertada a las necesidades particulares de la comunidad local[86]. Ya en 1980, la administración del Gobernador Romero Barceló había previsto la importancia de la participación ciudadana, aunque no es hasta la Reforma de 1991, bajo el liderato del Gobernador Hernández Colón, que la Ley dedica especial énfasis en la forma y procedimientos de organizar las comunidades y la ciudadanía. No obstante, son pocos los ejemplos de municipios que hayan logrado alcanzar las expectativas de la Ley.

Organizar las comunidades resulta en ofrecerles a los municipios un brazo funcional para alcanzar las metas y objetivos de los planes estratégicos. De hecho, el diseño de nuestra Ley está dirigido, no solo a empoderar las comunidades, sino también a generar economías de escala en la prestación de servicios, entre otros. Se hace necesaria, pues, la incorporación de la comunidad en materia de administración de los asuntos públicos, así como en la selección, diseño, ejecución y supervisión de programas que les impacten de manera directa.

No basta con crear los mecanismos y abrir los espacios de participación para que las personas se sientan motivadas a participar. La vinculación de las personas con los asuntos públicos está directamente relacionada con la confianza en las autoridades e instituciones y con el nivel de eficacia de las mismas[87]. Por ello, la organización de las comunidades debe formar parte del plan estratégico y no darse en el vacío. El Municipio y la sociedad se ven fortalecidos cuando se establecen mecanismos que permiten una mutua estimulación, creando ciclos de retroalimentación positiva que conducen a mejoras significativas en la gobernabilidad, tanto en el mediano como en el largo plazo[88]. Para ello, las comunidades deben legitimar la administración pública, cosa que debe formar parte de los planes estratégicos de cualquier administrador.

El ciudadano que participa de los procesos públicos, legitima el sistema democrático y a su vez la administración. Mientras mayor sea la participación, mayor será la legitimidad de la administración, pues la participación ciudadana está directamente relacionada con la democratización como proceso de apertura de la estructura gubernamental, acercando y organizando las relaciones entre gobierno y gobernados[89].

Más importante aún, se abre un proceso mediante el cual las decisiones no se dan de manera unidireccional, sino que se dan en función de la participación. Esto incluye la determinación de las prioridades y el manejo de los recursos, los cuales no proveen exclusivamente del erario, sino que son responsabilidad compartida entre los actores.

La toma de decisiones nunca viene sola, sino que está acompañada por responsabilidades. En este sentido, participar no se limita a asistir y escuchar, o discutir y votar. Se trata, más bien, de asumir un rol activo y, de la misma forma en que se presentan los problemas, también se presente las posibles soluciones y se colabore en la búsqueda de los recursos.

Esa es la finalidad y el espíritu de la Ley, y habría que preguntarse por qué, después de veinticinco años, la mayor parte de los municipios no han desarrollado adecuadamente el concepto de la participación ciudadana esbozado en la Ley de Municipios Autónomos[90].

Una nueva estructura

Desde mucho antes de la Reforma Municipal de 1991, en Puerto Rico se ha estado discutiendo la necesidad de reestructurar la organización política del país. Diversidad de informes apuntan al establecimiento de conceptos tales como la descentralización, la regionalización y la municipalización[91]. Estos conceptos giran en torno a la visión de nuevos modelos de gobernanza, basados en el principio de que las estructuras del poder gubernamental deben ser cercanas a los gobernados y deben, también, contar con el consentimiento y participación de los mismos.

Al observar detenidamente los conceptos, puede concluirse que todos tienen su fundamento en la aspiración de la autonomía como instrumento para el crecimiento social, político y económico, dentro de un amplio proyecto de país. Austin Macdonald señala que, cuando hablamos de autonomía, no significa que ésta sea la libertad absoluta de un municipio con respecto a la influencia del gobierno estatal[92]. De igual forma, no significa que un gobierno municipal pueda controlar todos los aspectos dentro de su jurisdicción, tal como lo hacen los Estados o Naciones. De hecho, en un mundo globalizado, son pocos los conceptos que permanecen independientes. Por el contrario, la interdependencia es parte esencial de la realidad geopolítica a nivel mundial. La autonomía, entonces, significa que, en los asuntos municipales, es el Municipio y no el Estado el que tiene la facultad de atender los asuntos, de manera exclusiva y sin intervención.

En este sentido, la regionalización no se refiere al establecimiento de organismos centrales dispersos a través de una división territorial. Las regiones autónomas que se proponen, son organismos surgidos del proceso democrático mismo, producto de la unión de grupos de municipios para alcanzar metas y objetivos en común.

Los tiempos actuales, en los que los avances tecnológicos se superan a sí mismos a un ritmo constante, propician para que los municipios integren esfuerzos, herramientas, e incluso procesos que permitan una administración más costo-efectiva. Pero esta integración puede darse de dos formas: una forma es de manera administrativa, aprovechando las herramientas de la Ley de Municipios Autónomos, para consolidar actividades. La otra forma es la manera legislativa, mediante el establecimiento de una estructura intermedia entre el gobierno estatal y el gobierno municipal. Con respecto a la primera, es una manera limitada de alcanzar metas y objetivos. La segunda forma resulta más propicia.

Crear regiones no es eliminar municipios. Algunos han esbozado, en la búsqueda de soluciones a los problemas municipales, la idea de consolidar municipios. Incluso sostienen el argumento de que, con la eliminación de determinada cantidad de municipios, se estarían eliminando con ellos los impuestos y arbitrios existentes en los mismos. Ni es propicia la idea, ni son correctos los argumentos. No hay que eliminar municipios para lograr eficacia en la gestión pública. Lo que hay que hacer es establecer los mecanismos administrativos que permitan que las decisiones de nuestros administradores públicos sean acordes con los planes estratégicos establecidos y respondan a la aspiración de un mejor país.

Cuando se habla de eliminar municipios, se reniega de los procesos históricos y sociológicos que dieron paso a las fundaciones de cada uno de estos. El problema de nuestros municipios es de carácter administrativo. Las soluciones a estos problemas, también lo es. Además, sería detrimental para el principio esbozado una y otra vez a través de estas páginas, con respecto a que las unidades más cercanas al pueblo son las llamadas a tratar la cosa pública, en unión a las comunidades y a los ciudadanos.

De hecho, un estudio publicado en 2016 por el Colegio de Contadores Públicos Autorizados de Puerto Rico resalta que el énfasis debe centrarse en encaminar un proceso que promueva la eficiencia y efectividad de la gestión municipal, más allá de la propuesta consolidación. De acuerdo al informe del CCPA, el proceso debe ir encaminado a atender deficiencias que tienen que ver, no con la cantidad de municipios sino con los siguientes aspectos: (1) incumplimientos con los principios rectores de la descentralización, (2) el carácter limitado de la participación ciudadana, (3) incapacidad financiera, (4) naturaleza simétrica u homogénea de la delegación de poderes, (5) falta de gradualidad en el proceso descentralizador, (6) carencia de métricas de evaluación, (7) falta de coordinación entre el proceso descentralizador y las iniciativas económicas municipales, (8) asimetría social y económica entre municipios, (9) insuficiencia y disparidad fiscal, (10) altos niveles de dependencia.

Todos estos aspectos tienen repercusiones negativas sobre nuestros municipios, sin importar si son 10, 78 o mil. Por lo tanto, la nueva estructura político administrativa debe ir encaminada a potenciar, a otorgar poder real a niveles gubernamentales más cercanos a la ciudadanía.

Las zonas o regiones autónomas serían un nivel intermedio de gobierno, en el cual se aglutinarían los esfuerzos de un número determinado de municipios en base a su ubicación geográfica y la cantidad de habitantes. Sus responsabilidades no se limitarían a asuntos administrativos, sino también legislativos y fiscales. Además, serían organismos nacidos del proceso democrático, pues su dirección estaría a cargo de los funcionarios electos a nivel municipal cada cuatro años. Por supuesto, habría que evitar a toda costa el que una estructura intermedia se convierta en tan solo otro escalón más de la burocracia.

Cambio constitucional

En la segunda parte de este trabajo, se discutieron algunas de las propuestas discutidas por los miembros de la Convención Constituyente de 1952 con respecto a los municipios. Se discutió también la opinión de destacados estudiosos del constitucionalismo, con respeto a la forma en que los municipios quedaron relegados en las disposiciones constitucionales. Resulta necesario enmendar aquella omisión y otorgarle a la administración municipal el espacio de crecimiento y desarrollo que requiere en el documento más importante que tenemos como país.

Son muchos los argumentos a favor de elevar la administración municipal a rango constitucional. No todos son de carácter político, sino que también de carácter económico, cívico y social. Con respecto al asunto económico, queda claro que los municipios son unidades económicas particulares, por lo que los habitantes de cada uno de éstos deben tener el derecho a disponer sobre sus propios asuntos. Al hablar de asuntos propios, salta a la vista el sentimiento de pertenencia, producto de los procesos históricos que han llevado a cada municipio a ser lo que es: una unidad geopolítica y económica, con un proceso histórico particular y propio, en el que los habitantes se sienten, primero parte de ese pequeño lugar al que llamamos pueblo y luego, sucesivamente, nos hacemos parte de unidades más grandes. Este sentimiento de pertenencia se hace notar en la naturaleza cívica de la participación en los asuntos públicos. En la medida en que un ciudadan o toma conciencia de que tiene el poder decisional de su territorio, en esa misma medida ofrece su tiempo y energías para que la gobernanza sea funcional[93].

Hernández Colón lo expone así: "...el alcance del poder municipal debe definirse en la Constitución. El principio de subsidiariedad debe ser el criterio a seguir para distinguir entre los asuntos locales que deben ser atendidos por los gobiernos municipales y los asuntos más amplios de la Isla que debe atender el gobierno central. El principio de subsidiariedad – la unidad más cerca a los ciudadanos debe tratar sus problemas – sostiene que cuando el gobierno municipal tiene los recursos, o se le pueden proporcionar los recursos para tratar con mayor eficiencia cualquier asunto, el gobierno municipal debe tener el poder para hacerlo y el asunto concerniente se debe considerar a nivel local"[94].

Con respecto al tema, también añade el Gobernador: "Brindarle a los municipios plenos poderes en las finanzas municipales en una enmienda a la Constitución, requiere que se identifiquen sus fuentes de ingreso y que se les otorgue la autoridad para tener acceso al mercado de bonos. Es esencial para un gobierno autónomo disponer de los recursos con los cuales gobernar. La enmienda a la Constitución debe establecer la participación municipal en los ingresos del gobierno central. La cantidad exacta debe dejarse abierta para que la legislatura la determine. Desde un punto de vista práctico, esto significaría que comenzarían con la asignación actual, pero ese mínimo estaría garantizado por la Constitución. De esta fuente, el gobierno central debe crear un fondo de equiparación. Este fondo sería distribuido entre todos los municipios, para compensar la capacidad limitada de los más pequeños de resolver sus requisitos de ingresos". Por último, expone: "los municipios deben estar capacitados para imponer impuestos adicionales sobre materias ya sometidas a un impuesto por el gobierno central[95]".

La propuesta de elevar la autonomía municipal a rango constitucional, ha sido discutida, mas no lo suficiente como para que pueda entenderse su importancia para la administración pública y el desarrollo democrático de nuestro pueblo. Por ejemplo, en el año 2007 fue radicada la Resolución Concurrente de la Cámara 112, la cual propuso una enmienda a la Sección 1 del Artículo VI de la Constitución del Estado Libre Asociado de Puerto Rico a fin de garantizar constitucionalmente la Autonomía Municipal, disponiéndose además someter la misma a los electores en referéndum.

Parte de su exposición de motivos rezaba como sigue:

"Los gobiernos municipales tienen que ser autónomos tanto a nivel constitucional como en la práctica concreta. Para ello, necesitan contar con los poderes suficientes para funcionar adecuadamente ofreciendo a los ciudadanos los servicios indispensables y dinamizando el desarrollo. Parte importante de sus recursos debe provenir del propio municipio y ser administrados autónomamente. Entendemos por autonomía local la capacidad efectiva de los gobiernos locales para tomar libremente sus decisiones en el ámbito de sus competencias y recursos.

"La descentralización es un proceso político que implica devolución de poder y transferencia de competencias y recursos del gobierno central a los gobiernos municipales, en un marco de creciente autonomía. Las competencias del Estado deben asignarse aplicando el principio de subsidiariedad, que establece que son los gobiernos locales los que tienen primacía para asumir las funciones públicas del desarrollo por su proximidad a la comunidad. El principio rector es y tiene que ser, que las responsabilidades públicas deben ejercerse por aquellas autoridades democráticamente electas que están más próximas al ciudadano. En este sentido, es necesario distinguir entre competencias municipales exclusivas y competencias compartidas con el gobierno central[96]".

El proyecto no tuvo éxito.

En enero de 2016, el Gobernador García Padilla se comprometió, tanto con los miembros de la Asociación de Alcaldes como los de la Federación de Alcaldes, en ordenar la realización de los estudios necesarios para llevar a puerto seguro la propuesta de potenciar los poderes de los municipios. Desde entonces, no solo quedaron en el aire los compromisos y acuerdos, sino que los municipios han ido perdiendo recursos y poder, lo que nos aleja de la meta de la administración municipal a la que debemos aspirar.

Resumen

Planificación estratégica, capacidad fiscal, diseño de presupuestos reales y ajustados, empoderamiento de las comunidades y un gobierno realmente abierto, son tan solo algunas de las estrategias fundamentalmente necesarias para redimensionar y reimpulsar una administración municipal adecuada y eficaz. Al igual que muchos otros, estoy convencido de que el futuro de la administración pública y el saneamiento de nuestras condiciones fiscales, se encuentran de la mano del futuro de nuestros municipios.

Lo planteado en estas páginas, es tan solo un compendio de propuestas y estrategias. Hay que profundizar sobre éstas, indagar sobre los procesos a seguir y, sobre todo, crear conciencia sobre la necesidad de ampliar nuestras perspectivas, las perspectivas y forma de actuar de los administradores, para alcanzar de una vez las aspiraciones, objetivos y metas que han sido planteados.

Si algo ha quedado claro, es que la discusión sobre cómo podemos redimensionar las áreas de acción de los municipios no es un tema novel. Ha sido una discusión de siglos. Cada uno de los actores de un tiempo, han querido con sus acciones ver alcanzada una mejor administración municipal al cabo de otro tiempo. Pero el futuro no basta con ser imaginado. El futuro es preciso planificarlo, trabajarlo, construirlo.

Los cambios que requiere la administración municipal en Puerto Rico, no solo demandan de acción y empeño en cuanto a temas procesales. A fin de cuentas, cómo han de ser los procesos y cómo se conjugan las propuestas, es un asunto siempre abierto a discusión para llegar a acuerdos. Más importante aún, es que para hacer realidad el futuro, es necesario un cambio en el paradigma, una transformación personal en cada uno de los individuos que administran la cosa municipal. Tal vez por ello, los problemas que enfrentan los municipios en el año 2017, son los mismos que enfrentaban en el año 1983, en el 1928 y en los siglos anteriores. No puede avanzarse hacia el futuro, si arrastramos con nosotros las mentalidades del pasado.

Tal como lo establece Barber, el futuro de la administración pública está fundamentado en las ciudades, no en los Estados. "Las ciudades contienen las semillas de su propia regeneración", sostiene Jane Jacobs[97]. Es decir, que es posible la articulación de un nuevo paradigma, mediante la reformulación de lo que entendemos como administración pública. Reformulación que pasa por comprender la importancia de una gestión adecuada por parte de los administradores, pero también de una inserción de la ciudadanía. Ante todo, una reformulación de la estructura, a los fines de alcanzar una democracia funcional.

Las ciudades son capaces de comprender el mundo de forma diferente a como lo pueden ver los Estados. La desigualdad social, el desempleo, la pobreza; son temas que nuestros municipios han sabido gerenciar mejor que el Estado. Es la misma experiencia en todas partes del mundo. Con las herramientas adecuadas y mayores poderes (a los municipios, es preciso insistir) es posible hacer de los municipios una fuente de poder político mundial. Principalmente por la capacidad de estos para atender los problemas de la población.

De hecho, algunos teóricos han planteado la posibilidad de un parlamento internacional de ciudades. Ya existen organizaciones internacionales que agrupan ciudades, de la misma forma en que existen organizaciones internacionales que agrupan Estados. La idea no se lanza en el vacío. La decisión del Presidente Donald Trump con respecto a no cumplir con los compromisos del Acuerdo de París sobre el cambio climático, sirve para poner el asunto en perspectiva.

A finales de 2015, un centenar de países acordaron reforzar la respuesta mundial a la amenaza del cambio climático, en el contexto del desarrollo sostenible. Entre estos países se encuentra Estados Unidos. En la primavera de 2017, la prensa internacional reseñó la noticia sobre la decisión del Presidente Trump de retirar al país del acuerdo. Las reacciones no se hicieron esperar. Una de las más importantes, por el tema que nos ocupa, fue la del Alcalde de la Ciudad de Nueva York, Bill de Blasio, quien de inmediato afirmó que su ciudad cumpliría con los compromisos adquiridos en el Acuerdo de París. No solo se firmarían las órdenes ejecutivas y legislativas necesarias, sino que anunció que se asociaría con otras ciudades del país para atender el asunto en conjunto.

Otro ejemplo de cómo las entidades más pequeñas del andamiaje político-administrativo pueden tomar la iniciativa y marcar el camino a seguir por los Estados, se encuentra en la discusión sobre la disposición de cenizas de carbón en los vertederos en Puerto Rico. Para el año 2016, más de la mitad de los municipios en Puerto Rico habían aprobado ordenanzas prohibiendo el depósito de cenizas de carbón en sus respectivos territorios. El Estado no había desarrollado una política pública clara sobre el particular, a pesar de los esfuerzos por aprobar legisación estatal a estos efectos[98]. Luego de un largo proceso de lucha, el Tribunal Supremo validó el poder de los Municipios para legislar asuntos de política pública sobre sus jurisdicciones[99].

Tanto uno como el otro, los ejemplos mencionados arriba sirven para ilustrar el poder que pueden ejercer los municipios o ciudades, incluso en asuntos que sobrepasan sus respectivos límites territoriales. De esta misma forma, son las ciudades y municipios las entidades que mejor conocen la manera de atender las necesidades educativas, deportivas, sociales, económicas, salubristas de sus habitantes.

Es así como el futuro de la administración pública en Puerto Rico, y también a nivel mundial, se encuentra atado a las ciudades y municipalidades, más allá de a los propios

Estados. Allí nació la administración hace miles de años, en pequeñas ciudades que dominaron el mundo alguna vez. Refraseando una vez más a Barber, al estudiar el desarrollo de la humanidad podemos ver cómo en las épocas doradas no se hablaba de Grecia, sino de Atenas o Esparta; ni se hablaba de Italia, sino de Roma o Florencia. Aquella capacidad creativa de las ciudades de entonces, es la que exigen los tiempos que vivimos hoy.

Para garantizar ese futuro, es preciso refundar las bases mismas de la actividad democrática. De otra manera, los años venideros habrán de ser la triste repetición de ciclos e historias de fracaso. Y eso no es lo que queremos. ¿O sí?

LA AUTONOMÍA MUNICIPAL EN UNA CONVERSACIÓN

El autor, conversando con el Gobernador Hernández Colón

Llegué al número 9 de la Calle Sol, en Ponce, sabiendo de antemano que la conversación que estaba próximo a sostener habría de ser un reto en sí misma. Durante años, la administración municipal ha sido la rama de la administración pública que más pasión me ha provocado, porque en ella se encierran los principios democráticos de una gobernanza adecuada y eficaz. Mis mejores experiencias, tanto académicas como profesionales, han ido siempre de la mano de la administración municipal. Pero este no sería un encuentro con documentos, ni leyes, ni procesos, ni reglamentos. Esta vez la cita era con el arquitecto de la reforma municipal más abarcadora de todos los tiempos. Publicar esta trabajo sin su insumo, hubiese tenido como conclusión un producto incompleto.

Desde que asumió la Gobernación por vez primera en el año 1973, Hernández Colón demostró un interés genuino en lograr la descentralización del gobierno, que para entonces era, como él llama, de extremos absurdos. Durante su primer cuatrienio, se implementaron medidas que representaban pasos de gran avance en la aspiración de autonomía que requerían los municipios, para otorgarle mayores y mejores poderes a la ciudadanía a través de ellos. Posteriormente, durante los cuatrienios de 1985-1988 y 1989-1992, se dio un extraordinario proceso de reforma que, veinticinco años después, dicta las pautas de lo que es y puede llegar a ser la administración municipal en Puerto Rico. Con estos datos irrefutables a la mano, la primera cuestión resultaba evidente. ¿De dónde surgía aquél empeño de transformación?

> *Primero, yo soy ponceño... y veo el gobierno inicialmente en mi vida, desde Ponce. Y al verlo en esta forma, empiezo a darme cuenta de las carencias, en términos de poderes, de los gobiernos municipales. Luego, estudio derecho y (con los estudios de derecho) la Constitución... y los reparos a la Constitución que el más serio y el más grave fue que no proveía para la autonomía municipal. Que lo trae el propio asesor (Friedrick). Entonces todo eso y las vivencias continuas de los absurdos de la centralización, como por ejemplo, que para construir una marquesina se tuviera que pedir permiso a la oficina central del gobierno, me llevan a mi a mover una reforma que tiene por objeto algo más que el darle poderes a los municipios. En realidad de lo que se trata es de darle poder a la gente de los municipios. Y eso es algo que representa una transformacion importante en el ejercicio de la democracia en Puerto Rico. Esos son los factores que me movían.*

Como ha sido establecido en las páginas de este trabajo, el principio contenido en la motivación que Hernández Colón explica, es que la ciudadanía tiene el derecho y la responsabilidad de colaborar en la gobernanza. Otorgándole mayores poderes a los municipios, la gente de las comunidades se hacen partícipes de ese poder, así como de las responsabilidades que ello conlleva.

Sin embargo, los problemas de los municipios en el año 2016, son iguales a aquellos con que éstos se enfrentaban en la década del ochenta del Siglo XX. Todo el potencial de la Ley de Municipios Autónomos no parece haber sido suficiente como para potenciar la administración municipal puertorriqueña. La respuesta a este planteamiento es que el problema no está en los postulados de la Ley, sino en la voluntad de aprovechar las herramientas que provee la Ley:

(El problema es) *la cultura política del gobierno municipal en Puerto Rico. Los que venían ejerciendo ese gobierno entonces y que han continuado ejerciéndolo. Es decir, principalmente los alcaldes y otros funcionarios y los legisladores municipales. A esa cultura no le ha llegado la transformacion profunda necesaria en materia de eficiencia administrativa y de decisiones político-administrativas que pueden llevar al municipio más hacia adelante. Los esfuerzos que se han hecho para lograr eso no han sido exitosos. Tú tienes que formar de nuevo a los alcaldes. Hay unos estilos que se han heredado de décadas de gobierno municipal. Hay que superar eso. Se han superado limitaciones mentales anteriores y hay alcaldes que han hecho maravillas en sus municipios, mayormente en términos de obra pública. Obra pública con usos que anteriormente no se le daba. Ahora, si tu te examinas la maquinaria administrativa de esos municipios (reclutamiento de personal, finanzas, las legislaturas, la calidad de los nombramientos, etcétera) ahí tu vas a encontrar que no se ha llevado a cabo la reforma al nivel que se hace necesario. (Los problemas que enfrentan los municipios) es mayormente por falta de un esfuerzo de formacion de los alcaldes y del personal municipal, para elevarlo al nivel que se requiere desempeñarse con todos esos poderes que se le han dado.*

Uno de estos poderes, es precisamente el de incluir a los ciudadanos en el proceso de gobernanza. Esto permite que sean los residentes de las comunidades los que se responsabilicen por las mismas, tomando las decisiones, en conjunto con el gobierno municipal, sobre el destino de los recursos y las prioridades a atender. Imagine el lector que la comunidad en la que vive tiene un problema con los suministros de agua y que hay disponible una cantidad determinada de fondos que pudiera en gran medida subsanar dicho problema.

Pero, en lugar de destinar esos fondos a resolver el problema del agua de la comunidad, el gobierno municipal decide utilizarlos en festividades o relaciones públicas, pues ésta sea la prioridad de ese gobierno municipal. Formando parte de los procesos de toma de decisiones, la comunidad pudiera utilizar ese poder para encaminar sus prioridades y no las de aquellos que no sufren directamente sus problemas. De eso trata la participación ciudadana, que es un poder potenciado extraordinariamente en la reforma impulsada por Hernández Colón.

Al día de hoy, veinticinco años después de la Reforma Municipal del '91, esta es una herramienta que no ha sido eficazmente utilizada. Con respecto a ello, Hernández Colón mostró su pesar.

Eso me ha dolido a mí... no tienes una idea. Porque no conozco un solo municipio donde eso se haya montado bien. En algunos municipios se ha hecho un esfuerzo. En Caguas (por ejemplo) se hizo un esfuerzo por Willie, que trató de hacerlo como se concebía eso. Ahí hay toda una filosofía que tiene que ver con la cosa democrática de la cual te hablé, y una norma encaminada a desarrollar esa fuerza, esa potencia que hay para la mejor gobernanza de los municipios. No lo han utilizado. Eso es parte de la cultura de la cual te hablo. O sea, en la mente de ellos no se dan cuenta del potencial que tiene eso. Eso es parte de lo que yo digo, que debe haber una formación para que los valores sean distintos. Porque, este tipo de reforma, cuando tu quieres llevar una reforma a unos niveles como estos de participación ciudadana, tu tienes que velar con los valores de los que gobiernan, para que aprecien lo que puede representar eso y el tipo de gobierno que se crea. Es un asunto de valores. El poder se ejerce conforme a los valores que tu tienes. Si esos valores no son unos que te permitan apreciar la importancia de eso otro y el cambio que eso trae en los procesos de gobernanza, porque estás reconociendo la dignidad y la capacidad de esos seres humanos que estan allá afuera (del gobierno) para ayudarte, pero no lo hacen. Es un asunto de cultura política.

El pueblo tiene, por tanto, las herramientas para insertarse y ejercer el poder, para que los municipios transformen su cultura política. Y también tiene el poder de garantizar a los municipios los instrumentos necesarios, a través de la herramienta más poderosa: nuestra Constitución. Al plantearle la necesidad de una enmienda constitucional que permita una redimensión de la administración municipal, el Gobernador Hernández Colón señaló dos asuntos primordiales.

(El primero), que hay que hacerlo técnicamente con mucho cuidado y con mucha precisión. Si tú quieres lograr una transferencia de poder de la dimensión que sería más apropiada para tener en los municipios una capacidad de gobernanza que en efecto mejore la calidad de vida de los residentes, desde el punto de vista técnico, en la enmienda constitucinal hay que hacer unas precisiones sobre esos poderes, de tal forma que la cuestión no depende de si el gobierno central quiere o no delegar. Y al mismo tiempo, que no solo se bregue con los poderes sino también con las fuentes de recaudo para ejercer esos poderes, que son fundamentales, porque a fin de cuentas el poder sin recursos para ejercerlo, no es ningún poder. El lenguaje de esa enmienda es algo complejo. El otro problema es

el del poder central y la cultura centralista, de no querer ceder poder a los municipios. También para que exista la voluntad de hacer una enmienda como esa, hay que ya previamente o paralelamente elevar los funcionarios, los que ejercen el gobierno municipal, de tal forma que haya la confianza de que esa nueva gobernanza va a ser frutífera para el país.

Con respecto a si estamos preparados para un cambio en la forma fiscal, las administraciones municipales deben estar preparadas y ganar la confianza de los ciudadanos. Es preciso que los gobiernos municipales tengan legitimidad.

Una vez haya una confianza, que la gente vea que esto va a resultar en un mejor gobierno, hay que tomar unas decisiones, que yo tomaría sin problema alguno, sobre el tema de los recaudos. El tema de los recaudos está muy relacionado con la cultura

Cuando se trata de asuntos fiscales, es posible que los Alcaldes prefieran que sea el Estado el que trabaje con la imposición de fuentes de recaudo. Algunos incluso pueden preferir ser dependientes, como sucede hoy, de las asignaciones del gobierno central y no imponer las contribuciones que le podrían generar, no solo lo que les da el Estado sino más de lo que les asigna el Estado. Las razones políticas y electorales están presentes en esta disyuntiva.

Tú tienes que llevar a la gente a otro tipo de pensamiento... Que se den cuenta de que puedes tomar una decisión que cuesta votos, pero si la tomas a tiempo y generas los recaudos que te permiten hacer una obra mucho mas allá de lo que te permitiría lo que te daba el gobierno, entonces va a demostrarle a tu gente que eso fue una buena inversión y políticamente valdrá la pena. Volvemos al asunto de la cultura política.

Con respecto a la preocupación de las fuentes para financiación de las administraciones y la obra pública, es importante analizar lo sucedido con el Banco Gubernamental de Fomento.

Lo del banco hay que verlo de dos maneras. En primer lugar, el banco como administrador de recursos que le corresponden a los municipios. Otra, como institución prestataria. Los municipios no solo le cogen prestado al banco del gobierno, también lo hacen a la banca privada. En la segunda parte, vamos al tema de la imposición de contribuciones para obtener recaudos. Si vemos las situaciones con rigor, los municipios deben ajustar su funcionamiento y sus metas a sus posibilidades. Si operas dentro de ese marco, te podrás sostener, siempre y cuando tomes las decisiones necesarias para generar los recaudos.

En esa misma línea, el tema de la Junta de Control Fiscal es uno al que los municipios deben poder atención.

Lo de la Junta puede afectar, y probablemente afecte, lo que el gobierno central le provee a los municipios para gastos de funcionamiento. Y tiene el poder (ya veremos si lo ejerce) de imponerle planes fiscales a municipios individuales. La Junta nos impone a nosotros, a Puerto Rico, un plan fiscal con unos requisitos para llevar a un saneamiento fiscal. Entonces, los presupuestos y las leyes tienen que estar acorde con ese plan fiscal. Ahí hay envuelto un rigor de austeridad. Eso mismo lo puede hacer la Junta, tiene el poder para hacerlo, con los municipios individualmente.

Entre los planes que se han estado discutiendo para trabajar con la situación de los municipios, se encuentra la eliminación o consolidación. Es decir, suprimir algunos municipios que no cuenten con las herramientas suficientes para operar y que los mismos pasen a formar parte de otros que sí las tengan. Para Hernández Colón, esta idea no va a funcionar, en parte por el proceso establecido para ello. Lo que sí funcionaría, de acuerdo al Gobernador, son los consorcios para llevar a cabo ciertas funciones de manera consolidada. El tema de la basura, los vertederos, eso es algo que una serie de municipios colindantes pueden agruparse para hacer de manera conjunta.

En este sentido, tal vez resulte adecuada la creación de una nueva estructura regional, un gobierno intermedio entre el gobierno central y el municipal, dirigido por Juntas de Alcaldes, que sí tengan el poder a nivel regional de establecer las políticas públicas de sus comunidades, incluyendo los asuntos fiscales.

Si eso se pudiera lograr, manteniendo los municipios y que la comunidad autónoma sea gobernanda por los alcaldes que componen los municipios, pudiera ser. Viene a ser lo mismo de los consorcios... Salvaguardando la cuestión de no crear otra burocracia, si tú consolidas unas funciones y permites que eso se rija por los que ahora están rigiendo el poder municipal (los alcaldes que sean electos, no funcionarios nombrados), pudiera funcionar.

La clave del futuro de la administración municipal parece estar, entre otros factores, en subsanar el vacío de poder que provocó el no haber garantizado la autonomía municipal en la Constitución. Esta es una tarea que ha estado pendiente durante décadas; no es una discusión novel. Ya la constitución ha cumplido más de sesenta años y ha sido enmendada en varias ocasiones para atender los reclamos naturales del tiempo. Entonces, ¿Por qué no se subsanó el vacío de los municipios en la Constitución, de la misma manera en que subsanaron otros? Para Hernández Colón, la respuesta es evidente.

La mentalidad y la cultura centralista prevalecía y menospreciaba a los municipios. Se les consideraba (a los municipios) como entes administrativos para recoger la basura y mantener los cementerios. No se valoraban. El problema está en los valores y los principios. Si los que están en el gobierno central tienen una visión centralista y creen que han ejercido el poder para beneficio del pueblo.... Hay que cambiar los valores. Cuando yo llego, desde Ponce, viendo cómo funciona el gobierno desde otra plataforma, veo las carencias del sistema, que ha sido bueno, pero puede ser mejor, cuando se transforma la economía y la población, entonces resulta más necesario repensar cómo vamos a gobernar ese nuevo país que hemos creado después de tantos años de esfuerzo y de transformación.

Valores y principios. Cultura política. Transformación. Fueron las palabras más repetidas en mis notas, cuando crucé el dintel de la puerta de la casa ubicada en el número 9 de la Calle Sol, en Ponce. Palabras que resumen y trazan el camino a seguir para alcanzar mejores y más aceptables condiciones de gobierno a nivel municipal en Puerto Rico.

UNA REFLEXIÓN FINAL

*Creo que el único modo de ser útil a las
ideas y a los pueblos, es levantar a los hombres
a la discusión de su deber, más que bajar con ellos a la
negociación de sus intereses.*

Eugenio María de Hostos

Al mirar atrás, al observar la forma en que se ha desarrollado la administración municipal puertorriqueña, es posible apreciar las luchas que se han dado durante siglos para garantizarle a los ciudadanos, no solo un gobierno cercano, sino uno del cual incluso forme parte. Un gobierno ágil y eficaz, capaz de ofrecer servicios, resolver problemas, impulsar la economía, administrar adecuadamente los recursos y empoderar al pueblo, compartiendo con éste los deberes y responsabilidades. Estas aspiraciones guiaron los pasos del pasado y aún nos guían en el presente.

La administración municipal puertorriqueña, tiene hoy herramientas para adelantar sustancialmente la agenda hacia la máxima cumbre: la autonomía. La Reforma Municipal de 1991, abrió unos espacios extraordinarios en la manera en que los municipios pueden ser administrados, como entes político-administrativos capaces de autosostenerse y desarrollarse. Pero los problemas que enfrentan los municipios hoy, son los mismos problemas de décadas y siglos pasados. Salta entonces la pregunta: ¿Por qué? ¿Qué hemos hecho o dejado de hacer, que la autonomía municipal se ha convertido en utopía?

En Puerto Rico hace falta un cambio de paradigma,

una transformación, no solo de las cosas, sino de la forma en que se hacen las cosas. Hace falta una redimensión de nuestras perspectivas, una evolución de nuestra cultura política. De no ser así, los problemas dentro de los próximos cincuenta años, habrán de ser exactamente los mismos.

Este compendio ha pretendido ser herramienta para comprender cómo ha sido, cómo es y cómo puede llegar a ser la admintración municipal en Puerto Rico. Con respecto a cómo ha sido, no son pocas las leyes y estatutos que le brindaron coherencia y orden a nuestros municipios, unas veces con visiones de extremo centralismo, otras con mayores niveles de autonomía. Todos ellos deben ser entendidos dentro del contexto histórico en que se dieron y, por supuesto, de los hombres y mujeres que los impulsaron. Las acciones, así como la verdad, son circunstanciales, por lo que es preciso tomar en cuenta la historicidad.

Con respecto a cómo es, resulta claro que los municipios en Puerto Rico, acercándonos aceleradamente a la tercera década del Siglo XXI, tienen grandes retos que superar. Lograrlo, dependerá del tipo de administrador que escoja la ciudadanía y del tipo de administración que se establezca a partir de ahora. Ya lo decía Einstein: locura es hacer lo mismo una y otra vez, y esperar resultados diferentes. Nuestra cultura política a nivel municipal es merecedora de nuestra más profunda introspección. Solo así será posible alcanzar niveles adecuados y eficaces de administración en el futuro. Un porvenir que hay construir, paso a paso, con las herramientas que tenemos disponibles y también con aquellas que hay que conquistar. Pero sobre todo, es preciso asumir las responsabilidades y los riesgos de la toma de decisiones.

Con respecto a cómo puede llegar a ser, basta con decir que el éxito no depende de la suerte, sino del trabajo planificado. Los administradores, funcionarios y empleados municipales tienen una función que ejercer, para que el Municipio pueda cumplir con su misión, que es ofrecerle al pueblo la mejor administración posible, para que los servicios y beneficios que de ésta se reciben sean adecuados y eficaces. Esa función debe ser planificada, respetando los principios que guían una sana administración pública y enfocada en los resultados.

El poder de la gestión pública, no es un asunto solo de administración; es un asunto de democracia. Permitir, propiciar y adelantar una administración municipal eficiente y eficaz, es tarea impostergable para construir ese porvenir. Una administración municipal en la que las personas participen de los ejercicios democráticos, más allá de ejercer el derecho al voto cada cuatro años. Una administración municipal en la que los presupuestos respondan a los proyectos y los proyectos a las necesidades de la gente, no de las prioridades políticas del administrador. Una administración municipal con un capital humano extraordinario, capacitado y dispuesto. Una administración municipal capaz de impulsar la economía, adelantar la educación, fomentar el deporte y la recreación, desarrollar obra pública. En fin, una administración municipal que le sirva a los mejores intereses de Puerto Rico.

En la medida en que cada administrador cumpla con su deber, en esa misma medida los municipios de Puerto Rico verán elevarse su administración municipal a niveles nunca antes experimentados. Y también en la medida en que el pueblo se inserte en la toma de decisiones, en la fiscalización responsable, en la búsqueda de alternativas, también en esa medida habrá ganado Puerto Rico, pues iremos sin duda en la dirección correcta.

NOTAS

---

[1] De acuerdo con Efrén Córdova, los municipios son, en su concepto primario, la organización político-administrativa de la sociedad local. El autor cita la filosofía aristotélica, en el sentido de que la organización del hombre en sociedad hace de los municipios un fenómeno natural.

[2] A pesar de que popularmente existen variaciones sobre el vocablo, la mayor parte de los historiadores coinciden con Salvador Brau en el sentido de que *Boriquén* era el nombre dado a la isla por nuestros aborígenes. Con respecto a ello, Coll y Toste valida la tesis de Brau, en *Cristóbal Colón en Puerto Rico: llegada de los conquistadores españoles a Boriquén*, trabajo en el que añade que el vocablo significa "Tierras del valiente señor".

[3]*Puerto Rico: cinco siglos de historia*, de Francisco Scarano, es uno de los libros más referenciados en cuanto a la historia de Puerto Rico se refiere.

[4] Gonzalo Fernández de Oviedo es uno de los primeros cronistas de la historia de la conquista española. Entre sus obras, destaca la *Historia General de las Indias: islas y tierra-firme del mar océano*, entre cuyos relatos incluye la forma en que se encontraban organizados políticamente nuestros aborígenes.

[5] Pedro Mártir de Anglería, autor de *Décadas del nuevo Mundo*, es uno de los primeros cronistas sobre la conquista española. Su obra, originalmente escrita en latín, ofrece una visión de la conquista, desde la perspectiva europea

[6] Como en otros asuntos relacionados con la historia, no todos los autores concuerdan en los detalles específicos del proceso de colonización. Con respecto a la forma en que Ponce de León arriba a Puerto Rico, Silvestrini y Luque

establecen que el conquistador arribó en las cercanías del puerto de Guánica. Scarano ofrece mayores detalles, tales como la cantidad de hombres y lugar exacto del desembarco.

7   A estos efectos, Caro Acostas señala: "A la luz de lo expuesto y respondiendo a la finalidad que nos ha motivado a pergeñar las presentes líneas, esto es, cómo se actualizó el poder legislativo del municipio puertorriqueño de antaño, concretamente en el Siglo XVIII, habremos de considerar la gestión que en materia de ordenanzas fuera realizada por las dos únicas corporaciones municipales existentes en la isla de Puerto Rico durante dicha centuria, a saber, aquella de la ciudad de San Juan y la de la Villa de San German".

8 Los procesos de la fundación de poblaciones en la Isla de Puerto Rico durante los siglos XVII al XVIII. En *Los Procesos de la Colonización: Raíces de las Culturas Iberoamericanas, Actas del XI Congreso de Academias Iberoamericanas de la Historia*. Historiador Oficial de Puerto Rico, Oficina de Servicios Legislativos de Puerto Rico. San Juan, 2010.

9   Cuesta Mendoza, doctor en filosofía y literatura, reconocido historiador, entre cuyas obras se destacan *Historia Eclesiástica del Puerto Rico Colonial, Historia de la educación en Puerto Rico, 1512-1826* y *Los dominicos en el Puerto Rico colonial*, entre otras investigaciones que contribuyeron grandemente al conocimiento y reconocimiento de gran parte de nuestra historia.

10 *Historia de Puerto Rico, trayectoria de un pueblo.* Ediciones Cultural Panamericana. Pág. 124

11 Para entonces, existían en Puerto Rico los siguientes Ayuntamientos: San Juan, San Germán, Aguada, Arecibo y Coamo. Los últimos tres fueron declarados villas con cabildo, el 14 de enero de 1778.

12 Un año antes, el 22 de enero de 1809, la Junta Suprema

decretaba que los dominios de Ultramar no eran colonias, sino parte esencial e integral de la monarquía española. La controversia sobre si Puerto Rico es o no una colonia, no es un asunto exclusivo de nuestros días, sino que fue motivo de amplia discusión durante el periodo de dominación española. Algunos autores, como Levene y Ramos, defendieron la tesis de que los territorios de Cuba y Puerto Rico no fueron colonias, sino partes de pleno derecho del Estado español. Esta tesis se basa en las Leyes de Indias, cuya Ley 13 (Título 2) establecía que tanto el reino de Castilla como el de las Indias eran uno solo y que "las leyes y orden de gobierno de los unos y de los otros deben ser lo más semejantes y conformes que se pueda ser". En marzo de 1827, se emitió un decreto de amonestación a la Audiencia de Puerto Rico, por emplear el término "colonia" en una sentencia y previniendo a toda la administración a que el término a usarse debía ser "provincias de ultramar".

[13] En *La representatividad municipal española: historia legislativa y régimen vigente* (1989), Martínez Marín establece la importancia que tienen los ayuntamientos para la democracia española.

[14] De acuerdo con Córdova, la Constitución de 1812 era un documento de carácter liberal que, sin embargo, restringió las facultades de los municipios y su autonomía. En *Curso de gobierno municipal*, Córdova expresa lo siguiente: "...sus disposiciones (de la Constitución) referentes a los ayuntamientos restringieron las facultades de éstos y consagraron una excesiva centralización, evidenciada en el hecho de que no podían adoptar decisiones, sino simplemente proponérselas a las Cortes".

[15] Enrique Orduña ha estudiado la administración municipal española, teniendo como producto su obra *Historia del Municipalismo Español* (Madrid, 2005). En la misma, el autor aborda de forma especialmente crítica y profunda, todos los cambios experimentados en aquél siglo de cambios y

transformaciones constantes.

[16] Adolfo Posada. *Evolución legislativa del régimen local en España: 1812-1909* Madrid: Librería General de Victoriano Suárez, 1910. Reimpreso en Madrid: Instituto de Estudios de Administración Local, 1982.

[17] Orduña, Enrique (2005). Historia del Municipalismo Español

[18] Registro administrativo de los vecinos de un municipio

[19] En su libro *Crónica de la Guerra Hispanoamericana en Puerto Rico*, Ángel Rivero describe con exactitud los momentos vividos aquel 18 de octubre, tanto por las fuerzas norteamericanas como por el Gabinete Autonómico. Lo hace al rememorar y citar un Memorándum del Ministro de Gracia y Justicia: "Al llegar el día 18 de octubre de 1898, Puerto Rico tenía un régimen autonómico y un Gobierno constituido, de una parte, por el Gobernador General, representante de la Metrópoli y de su autoridad suprema, con un Gabinete efectivo y responsable, formado por cuatro secretarios del despacho, en los diversos ramos de Gracia y Justicia, Gobernación, Hacienda, Instrucción Pública, Obras Públicas y Comunicaciones y Agricultura, Industria y Comercio, actuando uno de ellos como Presidente y, de otra parte, un Parlamento insular, dividido en dos cámaras, llamadas Consejo de Administración y Cámara de Representantes, iguales en facultades. El Gabinete Autonómico estaba constituido por hombres públicos, procedentes del partido llamado liberal autonomista. El señor Muñoz Rivera desempeñaba la Presidencia y a la vez la Secretaría de la Gobernación". Más adelante señala: "Puntuales estuvimos todos los miembros del Gabinete Autonómico en el sitio, día y hora fijados. Allí, en el Palacio de la Fortaleza, y en su salón principal, encontramos al Mayor General Brooke, comandante en jefe del ejército americano, con todo su estado mayor y gran número de oficiales, Cuerpo Consular y otras personas más que no recuerdo. Los secretarios del gabinete autonómico fueron recibidos por el comandante en jefe americano, con especial y predilecta atención y

distinción. A mí me pareció que el caudillo militar americano miraba en nosotros la oficial y genuina representación del pueblo de Puerto Rico. El momento y la escena se hicieron, desde luego, graves y solemnes; todos guardábamos silencio, militar y absoluto, casi religioso. Los hombres de sentimiento y de pensamiento portorriqueños que allí estábamos, luchadores probados y entusiastas por las libertades patrias, nos mirábamos unos a otros con fija e interrogante mirada, mudos los labios, pero palpitantes los corazones. Nuestra mente volaba rápida, con vertiginosa rapidez, hacia atrás unos cuantos años, en la corta historia de nuestras vidas individuales y de nuestras luchas políticas; y cuatrocientos años en la historia de la vida colectiva de nuestro pueblo, y, luego, desandando lo andado, volvía a la realidad, y contemplaba, atónita, el momento presente, de aquel día memorable, trágico, grandioso, decisivo, tratando en vano de penetrar con diáfana mirada las nebulosidades del porvenir que se alzaba ante nuestros ojos".

[20] El 31 de enero de 1901, la Asamblea Legislativa (compuesta entonces por la Cámara de Delegados y el Consejo Ejecutivo) aprobó el H. B. 101, autorizando y regulando la emisión de bonos por parte de las ciudades de Puerto Rico. Sin embargo, esta no es una Ley Municipal, sino que fue aprobada con el propósito de introducir a la isla en el mercado de bonos. El primer estatuto aprobado con el propósito de organizar la administración municipal acorde al nuevo régimen, fue aprobado un año más tarde, el 2 de enero de 1902.

[21] La convocatoria estaría a cargo del Alcalde con el mayor número de habitantes entre los municipios participantes.

[22] Esta ley disuelve el puesto de Alcalde, pero pocos años más tarde el mismo el mismo es restituído. Para las elecciones de 1924 ya el Alcalde era electo mediante sufragio.

[23] Resulta interesante que durante varias décadas, los Alcaldes de la Ciudad Capital no fueran electos por el pueblo. La única Administradora que posteriormente fue electa por sufragio popular, lo fue Felisa Rincón de Gautier. El país la recuerda como una Alcaldesa muy querida. Sin embargo, solo ocupó este cargo de durante seis años, mientras que el de Administradora lo acupó por quince.

[24] Proposición Núm. 23, Proposiciones de la Convención Constituyente

[25] Proposición Núm. 53, Proposiciones de la Convención Constituyente

[26] Colección de la Fundación Luis Muñoz Marín

[27] Texto enmendado en Referéndum llevado a cabo el 10 de diciembre de 1961

[28] Columna de Rafael Hernández Colón sobre la autonomía municipal, publicada en Caribbean Business, 2006.

[29] Mensaje de Luis Muñoz Marín ante la Legislatura, 22 de enero de 1958. A pesar del interés del Gobernador en el sentido de que la nueva Ley Municipal fuera aprobada aquél año, ésto no sucedió sino hasta 1960. De hecho, el interés de Muñoz Marín de establecer un nuevo estatuto municipal, provenía de mucho antes. En su mensaje a la Legislatura, el 26 de febrero de 1953, el Gobernador dijo lo siguiente: "Parece tiempo de considerar reformas al sistema de gobierno municipal. Los municipios tienen poco poder administrativo, pero también se les ha asignado muy poca responsabilidad económica. Un estudio cuidadoso puede indicar un aumento en la autoridad administrativa de los municipios, paralelo a un aumento en su autoridad para levantar una mayor parte de los fondos necesarios para las obras y servicios que el municipio decida hacer".

[30] Informe al Gobernador, 1987.

[31] La nueva Ley expone la necesidad de contar con la sociedad local y el envolvimiento de los ciudadanos en los asuntos de gobierno que afectan directamente a las

comunidades.

[32] El Artículo 4.14 establecía las Ordenanzas y/o Resoluciones que requerían de la aprobación del Gobernador: ordenanzas y resoluciones para la autorización de empréstitos, para la imposición de tasas especiales sobre la propiedad, las que conllevaban la imposición de una contribución adicional sobre la propiedad para el pago de empréstitos, las que autorizaban contratos de arrendamiento por más de cinco años y aquellas que autorizaban la creación de organismos municipales.

[33] El informe en cuestión forma parte de la colección de documentos de la Fundación Biblioteca Rafael Hernández Colón. En el mismo, se clasifican los ingresos municipales en dos tipos: ingresos presupuestario e ingresos no presupuestarios. Los ingresos presupuestario son aquellos que nutren las arcas municipales de forma periódica. A su vez, estos se dividen en dos categorías: ingresos propios e ingresos de fuentes externas. Los primeros, son ingresos provenientes de la capacidad legal impositiva del municipio (principalmente en términos de patentes y contribuciones sobre la propiedad). Los segundos, provienen de aportaciones y compensaciones del Gobierno Central. Los ingresos no presupuestarios son aquellos en los que se incluyen las asignaciones legislativas, los empréstitos, las transferencias federales, los anticipos, entre otros.

[34] Hernández Colón estaba resuelto a redimensionar la administración municipal, no a remendarla. Así lo demuestra la minuta de una reunión entre el Gobernador y la Junta Directiva de la Asociación de Alcaldes, llevada a cabo el 25 de agosto de 1989, en la que Hernández Colón expresa que él "no quiere seguir bregando con parchos", sino que "hay que verlo todo en conjunto". Ese conjunto era la Reforma que ya se estaba trabajando bajo su administración.

[35] Memorando de 4 de enero de 1988

[36] La Resolución Conjunta Núm. 77 asignó un millón de dólares para suplir los mecanismos que permitieran expandir sustancialmente los poderes y capacidad operacional de los municipios.

[37] Al estudiar los informes que condujeron a la Reforma, se repite una y otra vez el problema que enfrentaba el Estado dado el incumplimiento de los municipios en su obligación de presentar al Departamento de Hacienda las liquidaciones presupuestarias. Una liquidación presupuestaria es el saldo neto anual de los presupuestos, una radiografía de cuáles fueron los ingresos y los gastos durante cada año fiscal. La falta de información, evidenciada a través de una cantidad extraordinaria de memorando, cartas e informes, no era el único problema. También es preciso mencionar la inexactitud y la poca confianza que generaban los informes disponibles.

[38] El 29 de octubre de 1992, Ponce se convirtió en el primer municipio puertorriqueño en reclamar los poderes y facultades de la ley. Rosario-Natal cita al Alcalde Cordero Santiago (QDEP), al señalar que la Ley de Municipios Autónomos era la mejor que ha salido del pensamiento y de la imaginación de Rafael Hernández Colón.

[39] Colección Fundación Biblioteca Rafael Hernández Colón

[40] Un examen a los documentos de la época da cuenta de la importancia de aquél sistema para el éxito de la reforma. Por ejemplo, un informe de progreso enviado a Hernández Colón y a Calderón por las principales responsables de encaminar el proceso, señala: "hemos detectado la necesidad de implantar con la mayor prioridad los sistemas de contabilidad, producción de informes y banco de información. Esto es imperativo para sentar las bases que nos conduzcan a desarrollar una reestructuración municipal que sea versátil y dinámica, cara al ambiente heterogéneo, dinámico y cambiante en el que se desenvuelven los municipios".

[41] Una de las principales razones para la desarticulación de

OCAM fue economizar los gastos que suponía la agencia. Este parece ser el espíritu de las decisiones administrativas de los últimos tiempos: "el ahorro". Sin embargo, la desaparición de la oficina y la transferencias de sus funciones y empleados a otras agencias del Ejecutivo puede representar un retroceso en las aspiraciones de otorgarle a los municipios la clasificación de pieza fundamental del andamiaje político-administrativo del país.

[42] En mayo de 2016, el Centro de Investigación y Política Pública (CIPP) publicó un documento, producto de un proceso independiente de investigación y análisis sobre las condiciones fiscales de los municipios en Puerto Rico. Este documento se conoce como Índice Municipal de Salud Fiscal y representa una fuente de gran valor, no solo desde una perspectiva de acceso a la información, sino principalmente desde la perspectiva del poder político que ésta información representa para el ciudadano. Vaya, desde estas letras, el reconocimiento y agradecimiento al CIPP, por el esfuerzo realizado. El Índice Municipal de Salud Fiscal utiliza una serie de indicadores de desempeño, tomando en consideración factores tales como liquidez, deuda, disciplina fiscal y la habilidad del municipio para operar con recursos que sean propios y recurrentes

[43] El Plan Fiscal del Gobierno de Puerto Rico es un documento de trabajo realizado bajo los términos del estatuto federal PROMESA. El Gobierno de Puerto Rico trabajó el documento, aprobado con enmiendas por la Junta de Control Fiscal, en el que se detalla la realidad fiscal del gobierno y las estrategias para enfrentar y superar dicha realidad.

[44] Tomemos por ejemplo el caso del Municipio de Cabo Rojo, en el que los los residentes están obligados a comprar unas bolsas de color naranja, cuyo costo es de $1.75 cada una. Una empresa contratada por el Municipio pasa una vez por semana y recoge solamente las bolsas naranja. Si la persona no tiene las bolsas naranja, se le hace un primer

aviso de multa. Si el incumplimiento persiste, la primera multa es de $100.00, la segunda de $250.00, la tercera es de $500.00 y la cuarta de $1,000.00. De acuerdo con lo establecido en la Ordenanza aprobada por la Administración Municipal, las personas que no utilicen las bolsas naranja y pretendan disponer de sus desperdicios sólidos de otra manera, se exponen a una multa de hasta $5,000.00 y/o 6 meses de cárcel.

[45] Estudio para evaluar la estructura municipal de Puerto Rico

[46] A la fecha del estudio y con los datos disponibles. Como ya ha sido discutido, existe un enorme problema con las fuentes de información sobre los ingresos y egresos municipales, así como con la actualización de las fuentes y datos.

[47] Fuente: Oficina del Comisionado de Asuntos Municipales

[48] Colegio de Contadores Públicos Autorizados de Puerto Rico (2016)

[49] Este porcentaje se basa en la cantidad de municipios estudiados y no en la cantidad total de municipios existentes en Puerto Rico. Esto se debe a que hubo 10 municipios que, contrario a lo estipulado en Ley, no hicieron entrega de sus respectivos informes financieros. Estos Municipios fueron: Canóvanas, Ceiba, Cidra, Guánica, Lajas, Loíza, Santa Isabel, Toa Baja, Villalba y Yauco.

[50] Ídem

[51] Centro de Integridad para la Política Pública, 2016

[52] Con respecto a las deudas de los municipios, los números pueden variar según la fuente. Tal como ocurría en la década de los '80 con las liquidaciones presupuestarias, existe hoy día falta de transparencia que permita un análisis general de la deuda municipal en toda su complejidad y magnitud. La cantidad de dólares aquí expuesta es una de carácter aproximado y no incluye, por ejemplo, deudas tales como la de los sistemas de retiro. Con respecto a esta

última, documentos disponibles testimonian que la práctica de algunos Municipios de no cumplir adecuadamente con sus pagos, se ha extendido por décadas, abonando así a la crisis existente sobre este particular. Ejemplo de ello es un Memorando de 1989, dirigido a la entonces Secretaria de Estado, Sila M. Calderón, en el que se discute la problemática y las posibles soluciones.

[53] Cifra aproximada, basada en los datos disponibles a la fecha

[54] Macdonald (1959); pág. 415

[54] Informe de la Comisión de Hacienda y Finanzas Públicas del Senado de Puerto Rico sobre el P. de la C. 2866, 25 de abril de 2016

[56] Austin Macdonald, en *Gobierno y Administración Municipal*, pág. 415

[57] El Instituto de Estadísticas de Puerto Rico ha calculado que el total de personas que emigraron desde Puerto Rico hacia alguno de los estados de los Estados Unidos durante la pasada década, ronda los 450,000

[58] De acuerdo con un informe de la Junta de Planificación de Puerto Rico, se espera que la población pase, de 3.5 millones en 2015 a 3.3 millones de habitantes en el año 2020.

[59] Los datos son obtenidos del Negociado del Censo de los Estados Unidos y se basa en una comparativa entre la población del año 2010 y la población del año 2016.

[60] Instituto de Estadísticas de Puerto Rico, 2017

[61] Artículo publicado por Antonio Gómez en la edición digital de El Nuevo Día, el 8 de julio de 2017.

[62] Un ejemplo llamativo sobre esta práctica se encuentra en el Municipio de Villalba, en el que durante varios años consecutivos se estimaron ingresos por las mismas obras, sin que éstas se llevaran a cabo en ninguno de ellos. El resultado inmediato de esta práctica es la aprobación de

un presupuesto, no solo irreal, sino contrario a la norma de proveer un presupuesto balanceado para cada año fiscal. Esto ha conllevado al incremento del déficit presupuestario, en varios millones de dólares.

[63] Por ejemplo, el Memorando Circular 2012-05 indica lo siguiente: "Los funcionarios municipales ejercerán sus mejores oficios para la estimación de las demás fuentes de ingresos. A tales efectos, incluirán asignaciones conservadoras utilizando la experiencia real de años anteriores o los volúmenes de actividad o de transacciones con contribuyentes, como es el caso de los ingresos por concepto de patentes y arbitrios municipales".

[64] Texto íntegro

[65] En *Mirada a las empresas municipales* (serie investigativa redactada para El Vocero de Puerto Rico), Stephanie Gómez y Paola Arroyo analizan el impacto de estas corporaciones para los presupuestos municipales. En la primera parte de la serie de artículos, titulada *Apuestan al éxito con las empresas municipales*, el Alcalde de Coamo (Juan Carlos García Padilla) expresó que los ahorros que han logrado las empresas han permitido que no requieran de fondos municipales para poder seguir desarrollándose, consiguiendo así que los negocios municipales sean autosuficientes. Las empresas municipales de Coamo han generado 6.7 millones de dólares en los pasados 2 años

[66] Informe Final Comisión de Descentralización y Regiones Autónomas, Volúmen II, pág. 190.

[67] Díaz y Gómez citan a la economista Heidi Calero al señalar la importancia de la viabilidad económica y financiera de este tipo de corporación, ya que de lo contrario los municipios "acabarán perdiendo más recursos del presupuesto". En este sentido, la reconocida economista señala que "las métricas de desempeño deben estar claramente delimitadas desde el principio. Hay negocios que el sector privado no interesa o no quiere porque no llena sus expectativas de ganancia. En el caso

de empresas municipales se requiere un estudio de viabilidad que demuestre que son autosostenibles y no tienen que llegar a unos objetivos de "ganancia" de la misma forma que el sector privado. Lo importante es que cubran sus gastos y logren un sobrante para que el municipio pueda seguir invirtiendo".

[68] Bajo la administracón de William Miranda Marín, el Municipio de Caguas fue punta de lanza en el desarrollo comunitario. En *La Gobernanza Democrática en Caguas: una nueva forma de gobernar*, Santana-Rabell, Santiago Centeno y Rivera Ortiz profundizan sobre esta experiencia.

[69] Resolución Núm. 81 (Serie 2015-2016) de la Legislatura Municipal de San Juan.

[70] Diferentes medios de comunicación expusieron la posición de Alcaldes, Ex-Alcaldes y funcionarios, con respecto a la forma en que los municipios pueden verse afectados ante la Junta de Control Fiscal. Por ejemplo, Javier Carrasquillo (Alcalde de Cidra) expresó en la edición digital de El Periódico, que la eliminación de las remesas del Estado pudieran llevar a una considerable cantidad de municipios a la insolvencia. Para el ex Comisionado de Asuntos Municipales, Robert Rivera, el establecimiento de la junta fiscal federal tendrá un impacto directo en nuestros municipios y los servicios que prestan a los ciudadanos, principalmente porque los municipios han asumido responsabilidades que le corresponden al Estado. El ex Alcalde Ponce, Francisco Zayas Seijo, sentenció: "Los municipios están dependiendo del Fondo General y de préstamos con el Banco Gubernamental y esas dos llaves se pueden cerrar con la Junta de Control Fiscal. La Junta tiene, por necesidad, que entrar en los municipios. De hecho, tiene que empezar por los municipios". Para el ex Alcalde, cambios en las prácticas del BGF y otras medidas implementadas por la Junta de Control Fiscal dejarán al descubierto la incapacidad que tienen muchas alcaldías de operar sin ser subvencionadas por el gobierno central.

[71] Informe de Ingresos y Deuda Pública 2017-2018, Municipio de San Juan

[72] En *La Administración Pública de Puerto Rico ante el Siglo XXI*, pág. 121

[73] Tal como ocurre con los datos históricos, la definición de conceptos habrá de depender, no solo del contexto en que se da, sino de la fuente utilizada. Para efectos de este trabajo, nuestra definición de Planificación Estratégica se fundamenta en los trabajos del Instituto Latinoamericano y del Caribe de Planificación Económica y Social.

[74] *Informe sobre la situación socio-económica y fiscal de los municipios puertorriqueños*. Comisión para la revisión de la ley municipal. 1987.

[75] Comisión Económica para América Latina y el Caribe, Organización de las Naciones Unidas

[76] Martínez y García, 2013

[77] Ídem

[78] No son pocos los estudios y análisis que señalan que los criterios de selección de personal municipal no responden a las mejores prácticas de administración. Por ejemplo, algunos estudios de principios de la década de los ochenta señalan la existencia de cantidades indeterminadas de empleados innecesarios en las Alcaldías puertorriqueñas. Seguramente existen estudios de décadas anteriores, así como existen estudios hoy día que llegan a las mismas conclusiones. Esto se debe, en gran medida, a que no existen elementos adecuados de selección de personal, a que los criterios de selección y mantenimiento de un empleado en un puesto de trabajo no tienen nada que ver con las necesidades de la administración y a que las nóminas municipales suelen utilizarse para recompensas de carácter personal o político.

[79] En *Estudio sobre Clasificación, Retribución y Reclutamiento en la Rama Ejecutiva*, Cordero y Caballero establecen la importancia del principio de mérito para una

adecuada gestión del recurso humano en la administración pública puertorriqueña. No solo la Ley de Municipios Autónomos requiere que sea éste principio el que dirija los procesos de administración de recursos humanos, sino que la Psicología Industrial Organizacional lo recomienda como parte de una gestión eficaz.

[80] Darville ofrece una interesante relación entre incentivos, productividad y eficacia en el sector gubernamental, en *La experiencia chilena en materia de incentivos a la gestión pública*

[81] Mientras en el sector privado la productividad puede medirse en su relación precio-producción, en el sector público hay ausencia de precios, pues los servicios que ofrece el gobierno son consumidos de forma colectiva.

[82] La OCDE es una organización mundial establecida con el propósito de promover políticas que mejoren el bienestar económico y social.

[83] Naser, A. (s.f.). Comisión Económica para América Latina y el Caribe.

[84] Gómez y Montesinos (2014)

[85] Existen diversos estudios que reflejan elementos aparentemente contradictorios. Por un lado, la mayor parte de las personas a las que se les pregunta sobre la importancia de la participación ciudadana, entienden que ésta es fundamental para el funcionamiento de la sociedad. Sin embargo, los mismos estudios demuestran que las personas se comprometen o participan poco. Es decir, entendemos que la participación es importante, pero no participamos, al extremo de que menos de un 7% de los ciudadanos suele participar, mientras que el resto se limita a observar, si acaso. Nuria Cunill es uno de los autores más referenciados en el tema.

[86] *La alternativa local*. Banco Latinoamericano para el Desarrollo; pág. 307

[87] Campo, 2010

[88] Ídem

[89] Sánchez Ramos, 2009;

[90] El artículo 16.001 de la Ley establece lo siguiente: "El proceso de reforma del gobierno municipal comprende y requiere medidas creativas e innovadoras que propicien la participación real y efectiva de los habitantes del municipio en la planificación, desarrollo y mejoramiento de sus comunidades, y la aportación, tanto del gobierno local como de los gobernados, en la atención y solución de los problemas y necesidades locales".

[91] El más reciente informe gubernamental se dio en virtud de la Orden Ejecutiva 2013-036, firmada por el Gobernador García Padilla, la cual creó la Comisión de Descentralización y Regiones Autónomas.

[92] Austin Mcdonald (1975). Gobierno y administración municipal: la experiencia de los Estados Unidos. México

[93] Ídem

[94] Columna de Rafael Hernández Colón en Caribbean Business, 2006

[95] Ídem

[96] R. Conc. de la C. 112, radicada el 4 de junio de 2007.

[95] Jane Jacobs fue una activista sociopolítica y teórica norteamericana, que estudió profundamente la vida urbana. De acuerdo a sus tesis, las ciudadaes estadounidenses desarrolladas a partir de la segunda mitad del Siglo XX condujeron a la destrucción del espacio público. Jacobs creía que era posible recuprar aquellos espacios (y lo que estos representan) mediante la autoorganización.

[96] Los esfuerzos han sido promovidos por el liderato electo del Partido Independentista Puertorriqueño, tanto en la Legislatura estatal como en las Legislaturas Municipales.

97 El Municipio de Peñuelas ha sido el portaestandarte de esta lucha legal, así como de la batalla ambiental contra el depósito de cenizas de carbón en Puerto Rico.

BIBLIOGRAFÍA

Academia Puertorriqueña de Jurisprudencia y Legislación. (1992). *Proposiciones y Resoluciones de la Convención Constituyente de Puerto Rico 1951-1952*. Primera Edición. San Juan.

Academia Puertorriqueña de Jurisprudencia y Legislación. (1995). *Cámara de Delegados de Puerto Rico, primera y segunda Asamblea Legislativa, 1900-1903*. San Juan.

Armijo, M. (2009). *Manual de Planificación Estratégica e Indicadores de Desempeño en el Sector Público*. Comunidad de Estados Latinoamericanos y Caribeños.

Asamblea Legislativa de Puerto Rico (1980). Ley Núm. 146 de 18 de junio de 1980.

Asamblea Legislativa de Puerto Rico (1988). Resolución Conjunta 77, de 21 de agosto de 1988

Asamblea Legislativa de Puerto Rico. (1991). *Ley Núm. 81 de 30 de agosto de 1991, según enmendada*.

Asamblea Legislativa de Puerto Rico. (1996). *Ley Núm. 64 de 1996, según enmendada*.

Asamblea Legislativa de Puerto Rico. (1937). *Ley Núm. 99 de 15 de mayo de 1937*.

Asamblea Legislativa de Puerto Rico. (1960). *Ley Núm. 142 de 21 de julio de 1960*.

Asamblea Legislativa de Puerto Rico. (1973). *Ley Núm. 2 de 9 de julio de 1973*

Asamblea Legislativa de Puerto Rico. (1972). *Ley Núm. 29 de 30 de junio de 1972*.

Asamblea Legislativa de Puerto Rico. (1902). Ley Municipal

Asamblea Legislativa de Puerto Rico. (1919). Ley Municipal

Asamblea Legislativa de Puerto Rico. (1906). Ley Municipal.

Asamblea Legislativa de Puerto Rico. (1913). Ley Núm. 4

Asamblea Legislativa de Puerto Rico (1917). Ley Núm. 45

Banco Gubernamental de Fomento. (2012). *Reglamento de Financiamiento Municipal*. San Juan.

Banco Gubernamental de Fomento. (2013). *Repaso de Deuda Municipal*. San Juan.

Barber, B. (2013). *If Mayors Ruled the World*. Universidad de Yale.

Calderón, S. (Carta a Juan Agosto Alicea, 6 de marzo de 1989)

Caro-Costas, A. (1971). *Legislación municipal puertorriqueña del siglo XVIII*. San Juan: Instituto de Cultura Puertorriqueña

Caro-Costas, A. (1966). *El cabildo o régimen municipal puertorriqueño en el Siglo XVIII*. San Juan: Instituto de Cultura Puertorriqueña.

Caro-Costas, A. (1974). *El cabildo o régimen municipal puertorriqueño en el Siglo XVIII (Tomo II)*. San Juan: Instituto de Cultura Puertorriqueña

Casablanca, M. (2010). *Sobre los municipios: ayer y hoy*. Enciclopedia de Puerto Rico. Fundación Puertorriqueña de las Humanidades. San Juan.

Colegio de Contadores Públicos Autorizados de Puerto Rico (2016). *Estudio para evaluar la estructura municipal de Puerto Rico*; Estudios Técnicos, Inc.

Comisión para la Descentralización y Regiones Autónomas (2014). *Informe al Gobernador del Estado Libre Asociado de Puerto Rico en cumplimiento con la Orden Ejecutiva 2013-036 del 9 de mayo de 2013, según enmendada*

Convención Constituyente. (1952). *Constitución del Estado Libre Asociado de Puerto Rico.*

Corrada, R. (1995) La planificación estratégica municipal. *Plerus, Vol. XXIII-XXIV*: pp. 56

Cordero, Y. & Caballero, A. (2014). *Estudio sobre Clasificación, Retribución y Reclutamiento en la Rama Ejecutiva.* Centro Multidisciplinario sobre Gobierno y Asuntos Públicos.

Córdova, E. (1964). *Curso de gobierno municipal.* Editorial UPR

Darville, P. (2015). La experiencia chilena en materia de incentivos a la gestión pública. *Revista internacional de presupuesto público,* VLIII-89: pp 45-74.

De la Cruz, R.; Pineda, C. & Poschl, C. (2010). *La alternativa local. Descentralización y desarrollo económico.* Banco Latinoamericano de Desarrollo

Díaz, A. & Gómez, S. (2015, 27 de julio). Promueven creación de registro de empresas municipales. *El Vocero de Puerto Rico.* Recuperado de http://www.elvocero.com

Estado Libre Asociado de Puerto Rico (1989). Orden Ejecutiva del Gobernador, Boletín Administrativo Núm. 5341-A

Estado Libre Asociado de Puerto Rico (1985). Orden Ejecutiva del Gobernador, Boletín Administrativo 4564-A

Gómez, A. (2017, 8 de junio). Un informe urge desarrollar políticas públicas ante cambio poblacional. Recuperado de http://www.endi.com

Gómez, M. & Montesinos, V. (2014). Gobierno electrónico y transparencia financiera y presupuestal de los departamentos en Colombia. *Revista Venezolana de Gerencia, vol. 19*, núm. 68, octubre-diciembre, 2014, pp. 670-698

Gómez, S. & Arroyo, P. (2015, 25 de julio). Apuestan al éxito con las empresas municipales. *El Vocero de Puerto Rico.* Recuperado de http://www.elvocero.com

Hernández Colón, R. (Comunicación personal, 13 de agosto, 2016)

Hernández Colón, R. (1991). *Mensaje en conferencia de prensa para anunciar la radicación de proyectos de ley de reforma municipal.* Fundación Biblioteca Rafael Hernández Colón. Ponce.

Hernández Colón, R. (1991). *Mensaje sobre el estado de situación del país a la undécima Asamblea Legislativa en su quinta sesión ordinaria.* Fundación Biblioteca Rafael Hernández Colón. Ponce.

Hernández Colón, R. (Memorando, 4 de enero de 1988)

Hernández Colón, R. (2006). *Autonomía Municipal.* Caribbean Business.

Instituto de Estadísticas de Puerto Rico (23 de marzo de 2017). Comunicado de prensa: *Se reduce en 5% o más la población de 62 municipios.* Recuperado de http://www.estadisticas.gobierno.pr

Irizarry, C. (2016, 22 de marzo). Municipios ven amenaza en Junta de Control Fiscal. *El Nuevo Periódico de Caguas.* Recuperado a través de http://www.elperiodicopr.com

Macdonald, A. (1959) *Gobierno y Administración Municipal. La experiencia de los Estados Unidos.* Fondo de Cultura Económica. México.

Martínez, A. (1989). *La representatividad municipal española: historia legislativa y régimen vigente.* Editorial Editum. España.

Martínez, J. & García, M. (2013). Presupuesto Base Cero: una herramienta para la mejora de las finanzas públicas. *Crónica tributaria, Núm. 149*: pp. 7-31

Moscoso, F. (2008). *Caciques, aldeas y población taína de Boriquén.* Academia Puertorriqueña de la Historia. San Juan.

Nacer, A. (s.f.). *Gobierno electrónico y gestión pública.* Comisión Económica para América Latina y el Caribe.

Negrón-Portillo, M. y Santana Rabell, L. (1995). *La Reforma municipal en Puerto Rico: retos y oportunidades.* Universidad de Puerto Rico

Negrón-Portillo, M. y Santana Rabell, L. () *La administración pública en Puerto Rico ante el Siglo XXI.* Escuela Graduada de Administración Pública, Universidad de Puerto Rico.

Oficina del Comisionado de Asuntos Municipales (2012). *Memorando circular 2012-05, Directrices generales para la preparación y radicación del proyecto de resolución del presupuesto general municipal, año fiscal 2012-2013*

Oficina del Contralor. (2010). *Recopilación de iniciativas legislativas dirigidas a fortalecer la administración pública y facilitar la fiscalización de la propiedad y de los fondos públicos.*

Orduña, E. (2003) *Municipios y provincias: historia de la organización territorial española.* Centro de Estudios Constitucionales. Madrid

Rabell, M. (Minuta de 25 de agosto de 1989)

Rabell, M. (Memorando, 5 de diciembre de 1989)

Rabell, M. & Acosta, C. (Informe de progreso, 10 de octubre de 1989)

Rivero, A. (1922). *Crónica de la guerra hispanoamericana en Puerto Rico.* Madrid.

Rodríguez, J. (2016, 13 de abril). Junta de control fiscal: el golpe de gracia para los municipios. *Periódico La Perla.* Recuperado de http://www.periodicolaperla.com

Rodríguez, A. (1995). Finanzas Municipales y Análisis Presupuestario. En *La Reforma Municipal en Puerto Rico: retos y oportunidades*, pp. 63.

Rosario-Natal, C. (2003). *Ponce en su historia moderna, 1945-2002.* Secretaría de Historia y Turismo, Municipio Autónomo de Ponce

Sánchez, A. & Pereyra, J. (2005). *La política colonial española (1810-1898): administración central y estatuto jurídico-político antillano.* Universidad Complutende de Madrid: Madrid

Santana Rabell, L.; Santiago Centeno, Z. y Rivera Ortiz, A.

(2007) *La Gobernanza Democrática en Caguas: Una nueva forma de gobernar*. Puerto Rico: EMS editores.

Santana Rabell, L. (1995). Planificación estratégica para el gobierno municipal. En *La Reforma Municipal en Puerto Rico: retos y oportunidades*. San Juan.

Scarano, F. (2000). *Puerto Rico: cinco siglos de historia. Segunda edición*. McGraw-Hill. México.

Universidad Interamericana de Puerto Rico (1980). *Mensajes al pueblo puertorriqueño pronunciados ante las cámaras legislativas por Luis Muñoz Marín*.

Vélez, G. (2017, 3 de julio).La Ley PROMESA como sopa a prisa. Recuperado de http://www.endi.com

Para contactar al autor puede enviar correo electrónico a:
rodriguezroche@gmail.com
o escribir a la siguiente dirección postal:
Rigoberto Rodríguez Roche
18 Calle A La Vega
Villalba, Puerto Rico 00766

www.ingramcontent.com/pod-product-compliance
Lightning Source LLC
Chambersburg PA
CBHW071347280526
45787CB00001B/245